北の文学三巨星

——三浦綾子・渡辺淳一・河邨文一郎先生との出会い

岡本五十雄

北の文学三巨星―三浦綾子・渡辺淳一・河邨文一郎先生との出会い

目次

まえがき

今年に入り、ふと自分のことを振り返ってみると、おそらくほかの誰もが経験していないことを経験していたと気づいたのです。

それは、三浦綾子先生、渡辺淳一先生、河邨文一郎先生という、北海道文学界の三巨星との出会いです。それが単に顔を合わせたというのではなく、対話を通じて三巨星からさまざまな点で人生における考え方を学ぶことができたということです。

三浦綾子先生からは、私の書籍に対して、身に余る推薦文をいただき、さらに障がいをどのように受け止めるのか、神が与えた試練、キリスト教徒の愛とは、とても考えさせるものでした。夫の光世さんからは、綾子さんへの当たり前のように献身的に協力する姿、将棋によるお付き合いを通じて、将棋は光世さんの若い時代、現在のようにテレビ、ラジオやゲーム機器のない時代、生きる支えにもなっていたのではないかと思われました。晩年は三浦綾子記念将棋大会を開催したり、北海道将棋連盟の理事を務めたりしています。

渡辺淳一先生は、私の十年先輩です。私は札幌医大整形外科に入局しましたが、先生とは一緒に仕事をしたことはありませんでした。しかし河邨文一郎先生を囲む会で出会い、将棋をすることが分かり、初めは将棋で、その後は囲碁もするようになりました。対局と対話を通じて、またそれとなく現れるしぐさを通じて先生の人となりを実感しました。また人生において敏感力と鈍感力が必要であり、それは勝負の世界において大きな要素となることを教えられました。

人生においても勝負の世界においてもいつも勝つわけではありません、負けてこそどうしたらよいか分かってくるのです。

渡辺先生も直木賞をとるまでは、幾度も賞を逃しています。そして、どうしたらよいかが分かり「光と影」で直木賞に輝いているのです。その後は、破竹の勢いで医療物、伝記物、男女物を書いています。

私に将棋という趣味がなければ、三浦綾子・光世先生と渡辺淳一先生とのお付き合いはなかったでしょう。

河邨文一郎先生は一九六八年、私が札幌医大整形外科に入局した時の教授でした。一九七二年の札幌冬季オリンピックの主題歌「虹と雪のバラード」は、河邨先生の作詞です(歌：トワ・エ・モア)。当時、私は研修医時代で、先生は雲の上のような存在でしたが、その先生がオリンピックの詩を書いたというのにはさらに驚かされました。こんなことができるのかと。先生は日本でも有名な詩人であり、整形外科医としても名を馳せています。渡辺淳一先生の恩師でもあります。

私は整形外科医として、その後はリハビリテーション医として、医学医療を通じて先生とのお付き合いはとても長く続きました。そこで先生が常々お話しされていたことは、「前医をそしらず」「聞き上手になりなさい」「病気だけを診てはいけない」（来た患者さんは皆同じにみなさい）（患者さんにはさまざまな事情があるものだ）というものでした。

当初は、「キザッポイ」感じがしていたのですが、それが医療経験を積むに従い、深い意味合いをもち、心に重くのしかかり、私から離れていかないのです。そこで、対談を申し込み、先生との人生対談となりました。

私に札幌医大整形外科入局ということがなければ、渡辺淳一先生、河邨文一郎先生とのつながりはなかったのです。

三巨星とのお付き合を通じて得たものは大きく、それらのことが読者の皆様のお役にたてればと思い、筆を執った次第です。

本書の出版にあたり、さまざまな点で協力いただいた中西出版の岸上祐史様、北海道医療新聞社の土屋保宣様には深く感謝申し上げます。

三浦綾子さんとの出会い

障がいを受けとめるこころ
キリスト教徒の愛とは

光世さんと将棋を指し、夕食をご馳走になり、記念に写真を撮らせていただきました。今思うと、でかい態度でとても恥ずかしい。

三浦綾子
みうら　あやこ

一九二二（大正十一）年、北海道旭川市生まれ。十七歳からの七年間、小学校教師として働く。終戦後、子どもたちに軍国教育をしたことに、深くこころを痛めた。その後、結核、脊椎カリエスにかかり十三年間、安静を含め、療養生活を送る。この間にキリスト教に出会い、洗礼を受ける。一九五九年、生涯の伴侶となる同じキリスト教徒で歌人の三浦光世と結婚する。三浦光世も結核を患っており、十七歳で右の腎臓を摘出している。一九六四年、朝日新聞の懸賞小説で『氷点』が第一席となり、以後、作家活動に入る。一九六六年から、口述筆記が行われ、正に夫婦一体でその後、七十数冊の著作がある。

一貫してキリスト教の視点で「愛とは何か」を問い続け、『塩狩峠』『海嶺』『泥流地帯』『天北原野』「泥流地帯『銃口』『母』『道ありき』などがある。

旭川市見本林に三浦綾子記念文学館がある。

一九九九年逝去。

一、障がいの仮の受容と本当の受容

障がいを受けると誰もが「これで人生が終わりか」と、思うような体験をし、それから立ち直っていきます。個人個人によって悩み方も異なり、悩みの強さも違いますが、障がいを克服していく過程には共通のものがあり、通常次のような経過をたどります。

ショック期：呆然自失としており、障がいの存在に気付かず、不安もそれほど強くない時期。

否認期：障がいが残ると薄々分かってきますが、それを認められず、疾病や障がいの否認が起こります。

混乱期：現実を否定しきれず、かといって将来の見通しが立たずに苦悩し、悲しみや恨みなど、さまざまな感情が表面化します。この時期は看護師や医師によくあたります。

解決への努力期：現実を冷静に見つめるようになり、新しい生活に対して建設的な努力をします。

受容期：社会や家庭の中で何らかの新しい役割や生きがいを得ていきます（上田敏：リ

ハビリテーションを考える、青木書店、一九八三）。

何か特別な体験のようですが、これを、失恋、肉親との死別や事業に失敗したり、仕事がうまくいかなかったり、大病を患った後の精神的に立ち直る過程と比較してみると、実によく似ていることが分かります。

ただ障がい者の方は、一生障がいというハンディを背負って生きなければならないので、その分ショックは大きいようです。これらのこころの動き、ショックの大きさもその人の人生経験に左右されます。このことに関して果たしてそうであるかどうか、実際の調査はなかったので、後に私は、外来通院脳卒中患者さん七十六例と回復期リハビリ病棟脳卒中患者さん百七十五例の障がいの受容について調査しました。現在の障がいのある状態、これが自分なのだと認められることを障がいの受容とし、認められないのを障がいの非受容としました。外来通院患者さんでは、人生に満足している患者さん五十六例全例が、障がいを受容していました。また回復期脳卒中患者さんでは、人生に満足していた百三十二例中百十八例（八十九％）が受容していたのです。

人生に満足している患者さんには、落胆（がっかりしたこと）、苦悩（精神的に辛いことがあたこと）、希死念慮（死にたいと思ったこと）のことなども少ないということも分かりました。このことは人生に満足するような豊かな人生は脳卒中発症後のこころの持ちように深く関わっていると考えてよいと思います。大病を患ったり、がんの告知を受けた時などの対応にも影響するのではないかと思われます。

二、繰り返す受容

私は障がい者の医療に携わるようになってから、果たしてこれは一回きりで終わるのか常々疑問に思っていました。

脳卒中の患者さんを診ていて、一回で克服する人もいたり、幾度も苦悩する人を見たりします。

慢性関節リウマチの患者さんで、徐々に進行していく場合には、精神的に相当辛い思いをします。自分はこれでこころが定まったと思っていても、その後、再発の度にこの同じ悩みを経験するようです。そして、自分はまだ本当に障がいを受容するに至っていないのに気付くといいます。実際、慢性関節リウマチの患者さんたちに「このような精神的な悩みを何度も経験して、現在に至っているんですね」と聞くと、「先生、その通りなんです。悔しい思いをして、これが人生のプラスになればと思ってきました」と、話されます。

そこで、私は、障がいの受容には「相対的な受容」から「絶対的受容」に近づいていく過程、別な言い方をすれば、高いレベルの受容に至る過程があるのではないかと思ってきました。

そんな時に、作家の大江健三郎さんが上田敏先生との対談で、「本当の受容」と思っていても、足場が崩れるともう一度混乱が生じる。あらためてショック期から受容期まであらゆる段階が繰り返される。これを「仮の受容」と表現していました。文学ではそれが常態で、トルストイの小説はだいたいそうです。戦争と平和では、ナターシャやピエールがある安定に至り、それが崩れて次の困難に出合う繰り返しを経て、最後に「本当の受容」に至ると言っていることが分かりました（自立と共生を語る、三輪書店、一九九〇）。

三、時間をかけずに受容（神が与えた試練）

この時にはなるほど、なるほどと思っていましたが、その後、三浦綾子さん（一九二二年―一九九九年）にお会いする機会がありました（一九九三年十二月）。

そこで私が驚いたのは、三浦綾子さんが、さまざまな苦悩もそれほど時間をかけずに受容しているということでした。三浦さんは、若いときに肺結核、脊椎カリエスにかかり、長い闘病生活の末、三十七歳で結婚しました。六十歳を過ぎてから直腸がんを患い、それを克服しました（私が主治医ではないので、正確なことは分かりませんが、がんの自己免疫と関係があるのでしょうか）。十五年前、顔面のヘルペスにかかり、医師から「失明するかもしれない」と言われ、私がお会いする数年前からパーキンソン病と闘っていました。

これらの病気を克服してきた三浦綾子さんは、「ヘルペスの時は、目が見えなくなったことを想定して壁伝いに歩く練習もしましたよ」と、私の前で壁に沿って歩いて見せてくれました。さらに「ヘルペスもパーキンソン病も神が私に与えてくれた試練と考えているので素直に受け入れられるのですよ」と話してくれました。

私は、これほどの重病を素直に受け入れられるのは、信仰の力と長い間の闘病生活が彼女を強くし、すでに「本当の受容」がほとんどできあがっているからではないかと思っています。

初めにお会いした時には、両上肢にパーキンソン病特有の歯車現象がみられ、挙上した上肢がカクンカクンと落ちてくるのです。二回目にお会いした時には、手の振戦がみられました。また、私に献本してくれた「ちいろば先生物語」のサインには、書いている字が少しずつ小さくなるパーキンソン病の小字症の所見も見られました。

パーキンソン病には幻視が現れてくることがあります。ご主人の光世さんは、抗パーキンソン病薬を服用しても、それが現れ、また服用を止めても現れるというお話をされていました。

私が驚いたのは、この病気の間にも綾子さんは精力的に講演活動や執筆活動を続けていたことでした。札幌医大の文化祭での講演や小林多喜二の「母」「銃口」「新しき鍵」「闘病日記」などなど。

手が震えれば書くことも難しくなります。それ以前からですが、口述筆記が行われていますが、まさにこのことが三浦綾子さんの作家寿命を長くしてくれていたとも言えるのです。

四、私の書籍への推薦文

なお、初めに三浦綾子さんにお会いした時、プレゼントした拙著「札幌発リハビリテーション物語」（一九九三年十二月、桐書房）に対して、身に余る推薦文をいただきました。

※「難病パーキンソン病に苦闘する私と、その私を昼夜介助する三浦にとって、本書は

実に貴重な指針となった。人間をここまで全人格的に捉えての医療が、現実となっていることへの感動も大きいが、「文は人なり」著者の暖かさに私は大いに力づけられた。病者の家族への思いやりもまことにありがたい。時には病者の職場の上司同僚までアドバイスに努力する実例が書かれていて涙がこぼれた。家族に病人あるなしに関わらず、各戸に一冊は備えておくべき本と思う」と。

二作目の「再び生きていくということ」（一九九六年、近代文芸社）についてもまた、

※「医療従事者が患者さんと同じ平面に立つことは不可能に近い……と思ってきたが、私は本書によってその思いを一掃された。苦しむものと共に苦しむその姿勢は、病める者にとってまさに希望の灯である。本書が広く読まれることを祈ってやまない。」という、推薦文を頂いたのです。

後で分かったのですが、ご主人の光世さんが、私の書いた文章を全て綾子さんに読んで聞かせた上でのことだったのです。

付き合いの浅い私がここまで評価されていいのかと、身の引き締まる思いでした。また、とても申し訳ない気持ちでした。

一方で、大病を患ってきた三浦綾子さんであるからこそ、真剣にチームで取り組む医療のことをよく理解されてくれているのではないかとも思いました。

それと共にキリスト教徒である三浦さんの愛とはこのようものですよと私に教えてくれたのだと思います。

五、復活の朝の光世さんの解説

三浦綾子さんのご主人、光世さん（一九二四年―二〇一四年）からは、「札幌発リハビリテーション物語」が「復活の朝」というタイトルで文庫本（集英社、二〇〇〇年九月）として上梓された時、とても忙しい中、解説を書いていただきました。

解説

三浦光世

本書『復活の朝――札幌発リハビリテーション物語』の単行本初版が刊行されたのは、一九九三年である。その刊行直後、著者がわが家を訪ね、本を贈って下さった。

妻が難病パーキンソン病に罹って、二年余り経っていたこともあり、早速読み始めた。患者の家族として、私も読む必要があると思い、私が朗読して妻に聞かせることにした。そして共に深い感銘を与えられたのである。

妻がパーキンソン病を発症したのは、一九九一年の夏ごろであったと思う。その頃ある人から、

「このごろ、綾子さん笑わなくなったようですが、どうしたのでしょう」

と言われた。歩行が少し不自由になったことは、私も気づいてはいた。が、常時目の前にしている私には、妻に笑いが少なくなったとは思わなかった。軽い脳梗塞にでもなったのではないかと、軽く見ていた。こんな場合、家の者のほうが気がつきにくいのかもしれない。

どうも様子がおかしいと、知人が神経内科の医師をわが家につれてきた。一九九二年一月十一日のことである。医師は妻の手を曲げたり伸ばしたりしていたが、すぐに言った。

「パーキンソン病です。あるいはパーキンソン病症候群です。二期に入っています」

直ちに服薬を要するとも言われた。副作用を問うと、何百人に一人は幻覚が出るという。しかし進行をおさえるためには、薬はどうしても必要ということであった。

こうして、妻は次第にこの難病と闘うことになっていく。筋肉の動きを司る細胞が減少したり、その力が弱まる難病とのことで、本人は深刻であったにちがいない。食

事だけでも大変である。次第に箸の使い方も不自由になる。歩行も少しずつ不自然になっていく。傍で見ていて、それほど困難には見えなかったが、当人にすれば気が気ではなかったにちがいない。妻は人一倍忍耐強く、数多くの病苦と闘ってきていて、いつも穏やかにしていたが、妻の亡き今にして思うと、私の気配りが実に足らなかったと思う。

それはともかく、本書に出会ったことは、少なからぬ力になった。著書の岡本先生が、わが家を訪ねてくださったのは、十二月も半ばを過ぎたころではなかったろうか。「当時の綾子さんの表情は、まだそれほど固くはありませんでした。綾子さんは『わたし、テレビ番組の「笑点」を見て、笑うようにしているのですよ』などと言っていました」

最近、先生はその時のことを私に伝えてくださった。

さて、本書の内容であるが、今読み返してみて、改めて感動した。もっともっと、本書に学べば、綾子に対して、もう少しよい協力ができたはずである。綾子自身が、この本にいかに感動したかは、冒頭の序文の言葉に如実に現れている。

妻もふれているとおり、全編具体例を示しつつ、平易に説き進める文章があたたかい。二二九頁の「大切なことを忘れてはいませんか」という正直な告白には心底おどろいた。少しく引用する。

〈回診が終わったあと、婦長から、突然、
「先生は冷たいですわね。患者さんの気持ちがわからないみたいで」
と言われ、一瞬「ドキッ」としました。
なんのことをいっているのかさっぱりわからず、内心、
『ずいぶんと自尊心を傷つけることを平気で言う婦長だな。（中略）』
しかし、ぐっと、怒りをこらえて、「何かあったかなあ」とポーカーフェイスで。〉

以下、婦長の直言を容れる謙虚な叙述が胸を打つ。岡本先生は一九八二年に勤医協札幌丘珠病院の副院長に就任している。おそらく右の事柄は副院長当時の体験にもとづくものであろう。医学部を卒業したばかりの若い医師が、婦長に教えられるということはよく聞くところだが、相当の地位になってから、婦長の言葉にこうまで耳を傾ける姿勢は珍らしいのではないだろうか。

余談になるが、先生が二度目にわが家をお訪ねになられた時、将棋を一局指した。アマとはいえ高段、私にとって歯の立つ相手ではなかったが、その謙遜な態度にも教

えられた。何か非常に深みを感じさせられたことを、今も忘れられない。
謙遜といえば、第一章「復活の朝」の中に、こんな表現がある。「失語と重度の右片麻痺で車の運転」という項の中の言葉である。

〈私たちは重度の右片麻痺だから、運転は難しいと思っていましたがこれは誤解だったのです。一度習得した技術は、たとえ利き手が麻痺しても、失われていず、わずかの訓練で可能になるのです。〉

重度の右片麻痺の障害者に、車の運転は無理と見ていたが、それは誤解であったというのである。医師として、このような率直な発言も、そうたやすいことではないと思う。

人間、励まされることは必要であるが、時と場合によっては、マイナスになることも、本書から教えられた。「軽い麻痺と気分の落ち込み」の項に書かれている言葉は、そのことを明示している。

私自身、若い頃に、当時の言葉でいえばノイローゼになったことがあった。その時母に励まされて職場を休むまいとがんばったが、あれは辛かった。その点、妻綾子は全く逆で、静かに見守ってくれた。いつも心をくつろがせてくれた。おかげで回復が早かったことを覚えている。

病者を持つ家族へのアドバイスは本書の随所に書かれているが、障害者を抱える職場への指導も行き届いている。本書六六頁以下の項を読み、ここでも私は自分の体験を思い出させられた。私は一九四一年、腎臓結核で右腎臓の摘出手術を受けた。戦後になって後遺症の膀胱結核が悪化、しばしば職場を長期欠勤した。

そんな頃、職場の上司が、自宅療養中の私に仕事を与えてくれた。祝辞とか弔辞を書くこともあった。文案を作ったり、毛筆で巻紙に書いたりした。若輩かつ弱輩である。どんな仕事ができたかはともかく、自分のような者でも期待されていると知って、希望を持つことができた。このほか、半日勤務とか、本書に説かれてあるような、段階的職場復帰の配慮を受けたことも幸いであった。

一三八頁の「障害の克服へ向けて」の項も興味深い。思い当たるふしが多い。私は前述のとおり、よく長期欠勤したこともあって、新たな病気を受け入れることが辛く、つい無理をしたことがある。これとは反対に、長く休んでいると職場に復帰するのが恐ろしい思いになった。いわば現状に安住したい心理状態なのだ。本書はその両面の対応によきアドバイスを与えている。このことは病者にとってもその家族にとっても非常に重大なことなので、本書から得るところは大きいはずである。

妻綾子は青春時代の十三年の療養で、病気に対する受容力は人一倍大きかった。三大痛い病といわれるヘルペス（帯状疱疹）の時も、病に静かに耐えていた。

「年齢的に痛みは一生直らない」

「この病気には癌がひそんでいることが多いので注意するように」

「左角膜が冒されているので、おそらく左眼は失明する。もし左眼が失明すると、その関連で右眼も多分視力を失なうであろう」

このような医師の所見を聞いても、彼女は少しも動じなかった。ばかりか、ベッドから下り立つことができるようになった時、目をつむって壁の伝い歩きをし、失明に備えた。

幸い、痛みもおさまり、失明をまぬがれたが、癌は二年後に直腸に発生した。そして晩年には難病パーキンソン病に罹ったわけである。類い稀な忍耐力は、難病の時も変ることがなかった。これを当然とみて、私は時に介護を誤まった。夕食中、疲れてソファに横臥したいと綾子が言うのに、

「臥たり起きたりするより、食べてしまえばゆっくり床に就けるからな」

などと、四時間十分も食卓に向かわせておいた。昨年七月のことである。翌日高熱

を出して、入院することになったのだが、再び帰宅することがなく、人生を閉じた。おそらくこれに類する失敗は、難病八年の中で、幾度もあったと思われるが、病む本人を正しく思いやることはむずかしい。

先に、「本書にもっと学べば…」と言ったのは、そんな思いからである。

一九九七年二月末、綾子は札幌の柏葉脳外科病院に、リハビリのため入院し、四カ月半滞在した。実に多角的にリハビリを受け、かなりの回復を見て退院できた。私も従いて行っていたので、理学療法、作業療法、言語療法等、毎回具《つぶ》さに見ていた。そして、その療法の重要さを知らされて帰った。

が、帰宅してからの応用がまことに少なかった。むろん、正規の学問を修得している療法士のようには到底いかないとしても、できることはあったはず。夜、四回も五回も床から起こしてやることは、今にして思えば容易なことではなかったにせよ、そうできなかったのは怠慢であったと思う。

本書一九〇頁以下に、「寝たきり予防に役立つ立ち上がり訓練」について書かれてある。この方法など、習慣化して毎日実行してやっていたらと思う。

〈寝たきりになると、毎日筋力の三%が低下します（一週間で二〇%ともいわれて

います）。〉

とのこと。妻は昨年九月、意識不明におちいるまで寝たきりにはならなかったが、もっともっとリハビリに協力してやるべきであったと悔やまれる。何れにせよ、本書は広く活用されて然るべき貴重な一冊と言える。

二〇〇〇年七月

ここまでも評価していただき、どうお礼してよいか、たいしたこともできなかったことがいまでも悔やまれてなりません。

六、光世さんとの将棋

光世さんは歌人であり、その選者でもあります。また若い頃は詰将棋の作者でもありました。将棋の手ほどきを、お兄さんから受けています。一九四一年、十七歳という若い時に腎臓結核で右の腎臓を取り、その後も痛みを伴う激しい膀胱炎の症状で、一晩中座ったままで過ごすことも度々で、抗結核薬の登場で生き延びたのです。結核で療養している時に、三十一手、五十数手、八十数手詰めなど芸術的な詰将棋を作っていたのです。将棋芸術、将棋評論、将棋研究などに投稿していました。娯楽の少なかった時代、将棋は多くの人の楽しみの一つだったのです。

私も「将棋キチ」の方です。光世さん作の詰将棋の回答を、早速送りました。しかし、八十数手詰めは回答できず、ヒントをいただき、何とか詰ませることができました。

なお、光世さんは、前身である社団法人北海道将棋連盟で二〇〇七年（平成十九年）四月三十日（八十三歳）から二〇一〇年（平成二十二年）五月二十三日（八十六歳）まで高齢であるにもかかわらず理事長を務められました。

また旭川では、一九九一年から将棋の三浦綾子杯が一九九八年まで八回続き、綾子さんの死後、三浦綾子記念将棋大会となって引き継がれ、二〇一四年まで十四回続いています。三浦綾子記念こども将棋大会も二〇〇七年から二〇一四年まで八回続けられ、三浦綾子・光世さんの将棋にかける思いはここまでも大きかったのです。二〇一二年の第六回大会では、大会長の光世さんは、「綾子は小学生の時から将棋を覚えたかったと、いつも話していました。皆さん、将棋で頭を鍛えてくださいね」と、お話ししています。

このように将棋の育成にも尽力され、将棋への貢献も大きいのです。

光世さんはアマ六段の免状をとられております。私は二度目の訪問の時に、対局させていただきました。

光世さんは正座してじっくりと落ち着いて指すタイプです。私は足がしびれてあぐらになりました。ときに「ぼやき」が聞かれ、それが厳しくも優しい「光世さん」らしくなく、それが今でも印象的で覚えています。やはり人間光世さんだと思い、ほっとしました。

この時に、羽生善治名人が三浦さん宅を訪ねて来たことをお話しされていました。

七、将棋の世界

三浦綾子記念館には、六寸盤の将棋盤で二人が対局する写真が大きく飾ってあります。

光世さんの著書『綾子へ』(角川書店、二〇〇〇年)で綾子さんの将棋の上達の早さを光世さんはオセロの上達の早さと共に驚きを込めながら記述しています(趣味のはなしの項)。

綾子さんは将棋を指す人間に悪い人はいないと話しています。

綾子さんは、札幌での中原名人と内藤九段との対局をご覧になっています。そこでドラマの名シーンでも見るような極度の緊張感があって、実に美しいと記しています。さらに佐伯昌優七段と六枚落ちで、教えてもらっています。

その後、大山名人ともお会いしているのです『それでも明日《あす》は来る』新潮文庫、一九九三年）

光世さんと綾子さんとの会話は、私の将棋のことをお話したことが最後になったと記されています（十月十二日の項）。

朝食の出る八時までの一時間、起こしておいたほうが運動になると思って、椅子にかけさせ、エプロンをつけてやり、食卓に向かわせた。そして私は、小上りの机に向かい、「老人の介護」という本を読み始めた。札幌勤医協病院の岡本五十雄医師の著書である。

「綾子、岡本先生の本を読んでいるのだからね、この先生のこと、覚えているだろう」

「さあ」

「ほら、将棋の凄《すご》く強い先生で、わたしの家でも一局指しただろう」

「……そうお？　覚えていないわ」

こんな短い言葉を交わしたが、これが綾子との最後の会話になるとは、その時は全く思いもよらぬことであった。彼女は眠そうに目を閉じながら、体を前傾させていた。八時、朝食のカユが運ばれてきた。私は、テーブルにうつぶせの姿勢になっている彼女の頭をもたげ、食事をさせようとした。が、目をあけない。

「目をあけて食べないと、誤嚥したりして危ないよ。さ、目をあけて」

私は指で瞼《まぶた》をあけた。その時、強いて笑顔を見せようとするような、妙な表情を見せた。が、すぐにまた瞼を閉じた。と、そこへナースが入って来た。

『綾子へ』（角川書店、二〇〇〇年）

将棋は、こうした人間関係を生み出す要素を持っているのです。

もし、将棋がなければ三浦綾子・光世さん夫婦とは一度の出会いで終わったと思います。その後の詰め将棋の回答や将棋の対局も、当然なかったでしょう。

次に述べる渡辺淳一先生とも、先輩後輩の関係はありますが、将棋のおかげで、長い間お付き合いさせていただいたのです。

※　キリスト教では、自分に降りかかるさまざまな出来事を神が与えてくれた試練として考える人も多いのです。脳卒中で倒れたあるプロテスタントの人に、「この病気を神が与えてくれた試練としてとらえているのですか」と聞いたところ、「はい、私たちはそのように考えています。ですから、辛いことでも、これを経験できたのは、他の人の経験できないことを学び私たちの人生にプラスになっています。ですから、神に感謝しています」という言葉が返ってきたことがありました。

そのようにとらえるという点では、厳しいこと、辛いことであっても、またたとえがんや障がいであっても、宗教のない人よりもある人の方が受けとめて生きていけるという強い面を持っているといえるのでしょう。

『旧約聖書のヨブ記、第一章』（日本聖書協会：旧約聖書、一九七七）に次のように書かれています。

彼がなお語っているうちに、また一人が来て言った、「あなたのむすこ、娘たちが第一の兄の家で食事をし、酒を飲んでいると、荒野のほうから大風が吹いてきて、家の四すみを撃ったので、あの若い人たちの上につぶれ落ち、皆死にました。私はただひとり逃れて、あなたに告げるために来ました」。

このときヨブは起き上がり、上着を裂き、頭をそり、地に伏して拝し、そして言った。『わたしは裸で母の胎をでた。

また裸でかしこに帰ろう。

主が与え、主が取られたのだ。

主のみ名はほむべきかな」

すべてこのことにおいてヨブは罪を犯さず、また神に向かって愚かなことを言わなかった」。


よく引用される箇所です。キリスト教徒であれば知らない人はいないといっても過言ではありません。このように一夜にして家族をなくしても、神の与えた試練としてとらえ、神をほむべきかなと言っているのです。

こういう受けとめかたがあるのです。

欧米人というよりキリスト教徒といった方がよいかもしれませんが、彼らは、無宗教の人からみると、受けとめやすい素地を持っているのではないかと思われるのです。

日本人にはない拠りどころとなるものが彼らには子どものころから備わっているといえ

るのではないだろうか。

三浦綾子作品の塩狩峠、海嶺、泥流地帯や天北原野など多くの小説に、こんな立派な人たちに、こんなに苦労してきた人たちに、こんなことが起こっていいのかという結末が待っています。

「塩狩峠」では、「敬虔なキリスト教徒である永野信夫は結納のために札幌に向かう列車に乗っていた。塩狩峠で、その列車の最後尾の連結器が外れ、客車が後退しはじめ、偶然、乗り合わせていた鉄道職員の彼はとっさの判断で、線路に身を投げ出し自分の体で客車をとめた。乗客は救われたが、永野は婚約者と会うことはなかった。享年三十二歳であった。」

私はしばらく涙が止まりませんでした。

こういう自己犠牲があるのです。それでも神が与えた試練ととらえているのです。

そして私たちに、人生を深く考えさせてくれているのだと思います。

渡辺淳一先生との思い出

将棋・囲碁との対話

敏感力と鈍感力

対局の始まる時（リラックスムード、素足の先生）
スウェーデンヒルズの別荘で

渡辺淳一

わたなべ　じゅんいち

一九三三年北海道上砂川町生まれ。医学博士。一九五八年、札幌医科大学卒業後、同整形外科に入局（河邨文一郎教授・詩人）。仕事のかたわら小説を執筆し、一九六九年に東京に出てから作家一本で生活。作品の初期は医学・医療物や伝記物が多く、後に男と女の本質に迫る男女物（恋愛小説）と多彩である。常に文壇の第一線で活躍。七〇年『光と影』で直木賞受賞後は、破竹の勢いで書き続け、八〇年に『遠き落日』『長崎ロシア遊女館』で吉川英治文学賞受賞、二〇〇三年、紫綬褒賞と菊池寛賞受賞。一九九七年、失楽園は二六〇万部や超えるベストセラーとなる。先生は、エロスを極めたいと話していたが、それがかなったたかは不明。

札幌市中島公園の近くに渡辺淳一文学館がある。

二〇一四年逝去。

一、札幌医大石井清一名誉教授の渡辺淳一氏の絶大なる評価

二〇一四年十二月十三日（土）、札幌医科大学整形外科の忘年会がありました。山下敏彦整形外科教授の挨拶の後に、石井清一札幌医大名誉教授の挨拶があり、その時作家渡辺淳一氏の業績を天才的な仕事であると評価していました。

その後、石井名誉教授は隣に座った私に対して、「彼の仕事は何事もたくましくやり遂げるという点では並のものではない。その創造性といいまたそれをやり遂げるという点では、天才的であり、彼のような人物は二度と生まれないかもしれない。彼という人物をあらゆる視点から評価し、札幌医大の整形外科の関係者を含めて、大いに高めてもらいたい。そして歴史に残してもらいたい。岡本君にも是非それをお願いしたい」と、大役を仰せつかりました。そうは言われてもそう簡単にできるわけではありません。私はハタと困ってしまいました。

石井先生は誰もが知る堅物です。私は「渡辺先生の後半の小説はかなりきついのが多いですよ」とお話しすると、「それはそれでも、誰にもできない立派な仕事をしてきている。

彼の業績は何があっても後世に残すべきだ」と、言ってはばかりませんでした。

教授がここまで、渡辺淳一氏を評価することに驚きを禁じ得ませんでした。先生は独創性をとても大切にする先生であり、渡辺淳一氏にそれをみたのです。先生は手の外科の専門医で日本でも有数の先生です。しかし、自分の専門分野以外の整形外科医を多数育てています。若い先生方の能力を発揮させることにとくに力を注いできました。札医大整形外科初代故河邨文一郎先生の後、札幌医大の現在の発展も石井先生に負うことが大きいのです。

私が、渡辺先生のことをどのように評価したらよいか思い悩んで二年過ぎた時に、二〇一六年十月、札幌で開催された日本義肢装具学会で石井教授とお会いしました。その時に、私は、石井教授に「渡辺先生とは、将棋と囲碁を通じた個人的な付き合いが長い間ありました」とお話しした時、「是非、そのことも書いてほしい。今まで誰も知らないことだ。それこそ大事なことだ。人間、渡辺淳一を知る上でとても貴重なことだ」と言われました。ここに今まで封印していた私と渡辺淳一先生とのことを初めて紹介させていただきます。

二、将棋・囲碁とのおつきあい

渡辺先生が亡くなられてから三年が過ぎています。

先生は私の十年先輩です。仕事は一緒にしたことはありませんが、北海道勤医協にいた頃から、二十年ほどにわたる将棋と囲碁の付き合いがありました。

河邨文一郎札幌医大名誉教授が健在の時、整形外科同門の河邨先生を囲む会がありました。そこに渡辺先生も出席されており、将棋がとても好きだとお聞きしました。それがきっかけでした。当初は将棋だけでしたが、そのうち囲碁もするようになりました。年に一度か二度、先生が札幌に来た時に電話で「岡本君、今日は忙しいかい」と言ってきます。そう言われれば用事があっても、何とか都合をつけて行きます。場所は先生の別荘で、毎回素敵な女性がお茶と夕食のサービスをしてくれます。

将棋については、私はアマチュアの五段の免状はありますが、実力は四段＋α（四・五段くらいか）のレベルです。若い時、一度だけ百名くらい参加の全日本医師会の将棋大会に参加し、二位タイになったことがあります。先生の実力は作家仲間ではトップクラスです。米長邦雄九段と飛車落ちで対戦して勝利し、アマチュア五段の免状をもらっています。また作家仲間に「トン死の会」があり、そこで腕を競っていました（トン死とは、絶対に勝ち将棋と思っていながら、最後の一手の間違いで、あっと思う間に負けてしまうことです。将棋はこれが辛いのです）。

先生の将棋は焦らずにじっくりとそつがなく、じわりじわりと絡めてきます。とても落ち着いているのです。私は、どちらかというと切った張ったで勝負する傾向があります。果敢に勝負するタイプです。私は振り飛車、先生は居飛車です。

勝敗は私の二〜三勝一敗ペースだったでしょうか。

四〜五年続けたある日のこと、私がポカ（ミス）をして負けた後でした。先生から「岡本君、今度から負けた方が授業料を払おう。一局五百円でどうかね」と言ってきました。先生は私が先生を勝たせるために、手を抜いていると思ったようです。決してそうではありません。本当に私のポカだったのです。あまり気乗りはしませんでしたが、勝つ方が教えていることになるのなら、それも悪くはないと思い、勝負をすることにしました。勝負事である以上、たとえ授業料一局百円でも、決して負けられません。指し手は緩められないのです。これを真剣勝負と言います。

これも私の二〜三勝一敗のペースでした。

それから数年後、「岡本君、囲碁はやるかい」と聞いてきます。

「ええ、少しなら」

「何段くらいだ」

「三段くらいですかね」

「じゃあ、やってみよう」

「そうですか」

先生は囲碁においても、作家仲間ではトップクラスです。

「岡本君、それじゃ囲碁の授業料は一局千円でいこう」

私はこころの中で、（あれ、将棋が五百円で、囲碁が千円？　囲碁は相当自信があるのだ。私が三段と聞いて判断したのかなあ。私も四〜五段レベルの人にも時々勝っていたから、何とかなるだろう）と思い、意を決して勝負することにしました。なお、私の囲碁は大学時代に覚えたものです。医者になっ

長考する渡辺先生

てから医局で時々指していました。

囲碁の戦績は、ほぼ互角だったと記憶しています。

先生の囲碁は将棋よりはるかに大局的で、全体を見渡しながら打ってきます。いわゆる隙がなく、盤面が進むに従い、次第に私の形勢が不利になってきます。本当に苦しくなるのです。私は活路を見いだすために、どこかに弱点がないか盤面を見渡し、勝負手を探します。勝負手があれば私が勝ちますが、うまくいかなければ、私の負けになります（後に分かったことですが、先生は竹宮正樹プロと五子の置き碁をするくらいの腕前です。その打ち方には竹宮プロも感心していて、特に序盤の打ち方は完璧で冷汗をかいたと述べています）。

将棋でも囲碁でもそうですが、弱いうちは、局地戦を好みますが、強くなってくるに従い、大局観が優れてきます。そうなると、たとえ局地戦で一見不利に見えても、流れの中で次第に有利になっていくものです。囲碁にはそれが大きいのです。将棋でも強くなると大局観に優れてきます。

先生の医学物、伝記物は、微に入り細に入りですが、大きな流れの中で次第に終局に向かっていきます。人の気持ちを知らなければなりませんので、優れた心理士とも言えるのです。だからこそ共感を得るのです。

会話など、臨場感にあふれています。通常作家は、自分の経験のない会話をしなければなりません。主人公の苦悩も理解しなければなりません。その場を生み出すためにこころところで格闘すると言います。そうして全体につなげていかなければなりません。

渡辺先生の男女ものも、全体を見ながら、紆余曲折、行きつ戻りつしながら、ところどころ、「あれっ」「まさか」「ほんとうかな」「ドキッ」と思わせて、じわりじわりと終局に向かっていきます。どんなクライマックスになるのか、読者を引きつけて離しません。そして、どんでん返し的（トン死的）もあり、静かに終局を迎えるのもあります。まさに、将棋と囲碁を駆使しているようにも見えるのです。

渡辺先生は将棋でも囲碁でも、不思議なことに負けても悔しさを感じさせなく、普段通り淡々と話してきます。本当に悔しくないのかと思っていましたが、決してそうではないことが分かりました。

年賀状には直筆で、将棋だけの頃には「今年は少し勝たなくてはとおもっているけど」（二〇〇一年）、囲碁をするようになってから、「今年は碁だけは勝つつもり」（二〇〇五年）とか、「今年は、囲碁は勝ちますよ」（二〇〇六年）とか、書いてくるのです。負けた悔しさと共にまた指す楽しみを伝えてきているのです。

先生との将棋は、私の持っている分厚い六寸盤の将棋盤で指していました。結構、重いものです。十kgくらいはあるでしょうか。しばらく先生の別荘に預けていたのですが、私がこれを持って行こうとしたとき、「岡本君、私が持ってあげるよ」と言ってきたのです。

「そんなことはできません」と言うと、「じゃあ、そこまで」と言って、玄関のドアを開けて、車の所まで来てくれます。車のドアの前で、将棋盤を地面に置こうとすると、

「車の鍵はどこにある」と聞いてきます。そこまでしてくれなくてもと思いながら、「ズボンの左側のポケットにあります」というと、わざわざ鍵を取り出し、開けてくれたのです。

こんな優しさがあるのかと感心しました。通常、先輩でここまで気を遣ってくれるのは、まずありません。ましてや、十年後輩の男である私に対して、こんな雰囲気が自然に出てくる。女性に対しては、同じ、いやそれ以上かもしれない。なるほど、このような優しさが自然に出てきたら、女性はどのように対応するでしょうか。答えは言わずもがなでしょう。

先生と将棋や囲碁を指した後に、世間話はするのですが、一度も女性の話はしたことは

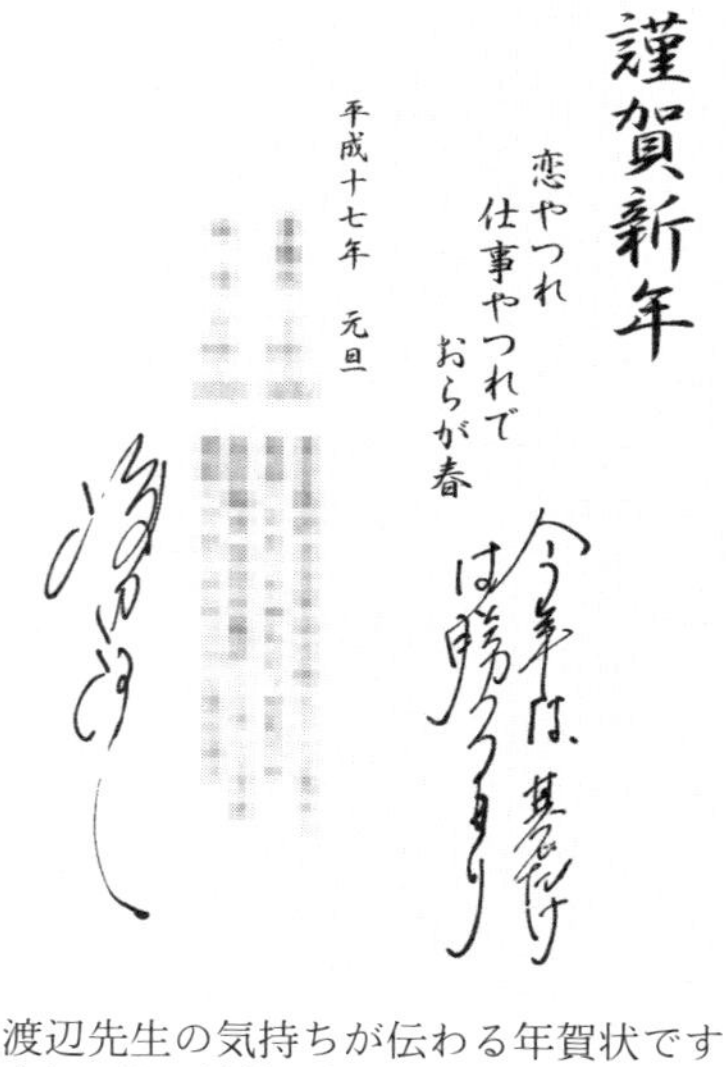
謹賀新年
恋やつれ
仕事やつれで
おらが春
平成十七年　元旦
渡辺先生の気持ちが伝わる年賀状です（暗に私を将棋の師と認めています）。

ありません。私と話してもつまらないと思ったのかもしれません。

三、将棋と囲碁以外で

先生の作品に、与謝野晶子・鉄幹夫妻の生涯を書いた「君も雛罌粟《コクリコ》われも雛罌粟《コクリコ》」という作品があります。膨大な伝記小説ですが、内容が微に入り、細に入りです。どうしてここまで調べて書けるのかなと思っていたので、「どうして、そこまで詳しくわかるのですか」聞いたところ、「全て自分が調べているわけではない。出版社が準備してくれているからね」と、話されました。やはり、別格です。あとがきには先生は乗りに乗って書いたとありました。この時「石川啄木について書いてくれと持ちかけられたが、断ったね。人生が短く、深い内容にはならない」とも言っていました（もったいないな）。

与謝野晶子の『みだれ髪』に「柔肌の　熱き血潮に　触れもみで　寂しからずや　道を説く君」があります。鉄幹とのことを書いたと思っていたのですが、違うことが分かりました。

先生には私の著作をいくつかプレゼントさせていただきました。その中に「ゆらぐこころ　日本人の障害と疾病の受容・克服」があります。これは、日本人と欧米人の物事のとらえた方の違い、日本人のこころの源となる仏教思想、もののあわれ感などについて言及したものですが、「よく勉強しているな。なかなかのものだ」と、お褒めの言葉をいただきました。先生の文学と共通する面があったのでしょうか。

「リハビリで何が重要かね」と聞かれた時には「脳卒中の歩行について言えば、みな麻痺側を改善させることに注目しますが、良い方の下肢の筋力が低下すれば、歩行不能になります。健側の筋力の低下を防ぐ必要があります。上肢においても、麻痺の回復だけに目を向けるのではなく、健側を麻痺側と共に上手に使い、日常生活の能力を高めることです」と、お話ししました。

「なるほど、健側が大事なんだ」

「はい、そうです。大腿骨頚部骨折でも、骨折側の訓練は術後すぐできなくても、健側にすぐに体重をかけて、筋力の低下を防ぐためのリハビリはすぐできます」と、お話ししました。

週刊誌で、先生が医療の第一線で活躍している人と対談するコーナーがありました。「岡本君、今度、それに出てもらうよ」と言われましたが、「え、ちょっと、私には……」と言うと、「そうか、難しいか」と、そのままで終わりました。私は、謙虚な気持ちで言ったつもりでしたので、もう一言「そう遠慮しなくてもいいよ」と言ってくれるものと思っていたのですが、残念でした。小説のようにはうまくいきません。

四、作家であることの厳しさ

あるとき渡辺先生から、ふと「岡本君、直木賞や芥川賞を取ったからといって、作家業だけで生活できている人は、それほど多くはないんだよ」と言われたことがありました。私は、賞を取るほどの作家であれば将来が保証されていると思っていたので、怪訝そうに「そうですか、そうなんですか」と聞くと、

「作家だけで生活できている人は、五十名から七十名くらいかな。他の仕事を掛け持ちして生活している人は多いんだよ」と。

述懐するように「私の年齢まで作家活動しているのは、非常に少ないなあ」言ってきたのです。「ああ、五木寛之がいるか。それでも、小説は書いていないな」と。

このことは、ベストセラーを連発してきた先生の誇りであり、その一方で医者はめぐまれているんだよと言っているようにも聞こえました。

医者は、一度資格を取り一定の研修を積めば、その後の仕事はとても厳しいとはいえ、将来はほぼ保証されるのです。それも全国に二十万人以上いるのです。

作家であることは、生やさしいものではないことを伝えておきたかったのだと思います。同じことは、将棋の世界にも言えます。プロ棋士になるくらいの人は、子供のうちは地元で希にみる天才です。プロは四段からですが、百数十名しかいません。そのうちトップクラスのA級八段はわずか十名です。それでも生活は豊かではありません。両者とも才能がありすぎるが故に、厳しい試練に立って生きていかなければならないのです。さらに知的勝負、スポーツの世界においても同様で、このような力勝負の世界では、常に陥落が待っているのです。ああすればよかった、こうすればよかったと嘆いても結果が全てなのです。よほどの才能が無ければ、長続きしないのです。勝負の世界とは、そのような世界なのです。

しかし他の分野も含めて、その域に到達した人もそうでない人も、それは自分の全てをかけて挑戦した結果なので、後悔はしていないのです。

五、不思議な因縁

渡辺先生の『マイセンチメンタルジャーニイ』の中に、「薄野の愛」があります。若い時に、そこに登場する女性（千秋）とは六年ほど付き合っています。五十代半ばを過ぎて、その女性ががんになった時に、見舞いに行き、その時に霊芝のかたまりを持っていっているのです。がんの特効薬はない時代です。その後の経過については、定かではなかったようです。札幌で将棋道場を開いている席主が、偶然その女性の知り合いということが分かり、その後の消息を知っていました。その道場へは私も時々顔を出していたので、渡辺先生と一緒に伺いました。

女性の経過について、席主は後に手紙で伝えたということでした。

その道場ですが、そこからは幾人もプロの棋士やアマチュアの全国優勝者が輩出しています。現在、将棋のプロ棋士でA級リーグ在籍者十人中、二人（屋敷伸之九段、広瀬章人八段）が子どもの頃、席主から指導を受けていました。A級に町道場に通っていた二人がいるということはまさに奇跡です。夏休みには小中学生を連れて、将棋の合宿を数十年も続けてきたのです。このように将棋の発展に命をかけていたのです。

席主は、私に「先祖は加賀百万石の御殿医だった」と、言っていました。実は、私の先祖も加賀百万石の御殿医だったのです。こんなことがあるのかと思っていました。以前に私の兄が金沢市役所に岡本家のルーツを調べに行っていたことを思いだし、その戸籍抄本を見たところ、御殿医の名前は間違いなく席主と同じ名前であったのです。席主は御殿医の長男の直系であり、岡本家は次男の直系であることが分かりました。それを話そうと思っていた矢先、席主は肺炎で亡くなりました。

私の父はパン屋です。

御殿医の次男は菊次郎、私の祖父に当たります。祖父は金沢一の酒屋・岡本家の婿になったのです。祖父と父は火事で二度丸焼けとなり、樺太に移住しました。樺太でも丸焼けの火事に遭い、戦後、両親は六人の子どもを抱えて、樺太から引き揚げてきて、岩内町でパン屋となりました。イースト菌のない時代、濁酒《どぶろく》の発酵技術を用いて、パンを造り、苦難を乗り切りました。昭和二十九年九月二十六日、十五号台風のもと大火で町民の八割（二万人）が焼け出され、その後、私の高校二年の時に、また火事に遭いました。人生で父は五度、私は二度の火事に遭ったことになります。新しく手を出した商売もうまくいかず、高校時代には借金地獄となり、借金取りの罵声をどれほど聞いてきたでしょうか。行き着くところまで行った岡本家は、ついに破産し抵当に入ってしまったのです。復活劇は機会があったらお話しします。

父は無類の将棋好きでした。岩内町から将棋で幾度も北海道代表になる人がいて、誰に教わったのかと聞いたところ、父だということでした。察するに御殿医も相当の将棋好きだったのでしょう。そして、将棋の面白さが子どもたちや孫たち（席主や私の父）に伝わっていったのでしょう。

私の家には将棋好きの人たちが入れ替わり立ち替わり来て将棋を指していました。酒を振る舞うこともあり、これを目当てに来る人もいました。

私は兄や父と将棋を指すだけで、他流試合は一度もありませんでした。父には香落ちでは勝てるのですが、平手になると勝てないのです。僅かの差ですが、どうしても勝てないのです。そのうち面白みもなくなったのでしょうか、十三歳で将棋をやめました。再開した時は三十五歳になっていました。周りの人に「定石をあまり知らないようだけど、結構強いね。どこで将棋を指していたのですか」と、聞かれたことがあります。将棋にもう少し才能があれば、そちらにとりつかれ医学への道はなかったかもしれません。勝たせてくれなかったのは親心だったのでしょうか。

六、敏感力と鈍感力

敏感力との共存

私に少し余裕が出てきた頃、次男に将棋を教えました。次男は、小、中、高、大学、社会人の北海道代表になりました。しかし、全国大会では途中で敗れてきます。現在A級リーグ八段の広瀬章人さんが小学校五年の時に私の家に彼の兄と泊まりがけで遊びに来て、中学一年の息子と将棋を指しましたが、息子は歯が立ちませんでした。プロの道ははるかに険しいのです。この時私はまだ広瀬少年に勝てていました。

息子は「お父さんは広瀬君に勝てて、どうして僕に負けるの」と、聞いてきます。答えに窮しました。「将棋は強いといっても、勝ち続けられるものではないよ。人によって勝ったり負けたりするものだよ」正解だったかどうか。息子は「ふーん」と。

私は息子に勝つ喜びを与えることにしていたのです。将棋を通じて息子との対話は進みました。

将棋を始めた頃、息子には、「何でもそうだけど、はじめから強い人はいない。必ず負けるからね。負けて負けて、強くなっていくのだから、負けても我慢するのだよ」

「うん、分かった」

しかし、始めた頃は負けを認められず、敏感力が強すぎて、

「将棋盤　挟んで喧嘩に　親子なし」

「喧嘩する　親子の間に　将棋盤」

こんなことがしばしばありました。

妻からは、「あんた方、喧嘩ばかりでしょう。いい加減、将棋辞めたら」と、どれくらい言われたでしょうか。

しかし、歳月は息子に「お父さんの将棋は、型にはまると力を発揮するけど、幅がせまい」と言わせるまでになりました。息子が高校生の時には、私は、もう勝てなくなっていたのです。

将棋や囲碁でもう一つ良いことは、負けを知ることです。

いつも勝つわけではありません。負けた後にこそ道があると知ることです。

敏感力がなければ、先に進めません。しかし、負けた時に敏感力だけでは、精神的に参ってしまいます。ある程度の鈍感力が必要です。また鈍感力だけでは強くなれません。将棋や囲碁を始めてから、すぐやめる人がいます。負けず嫌いで敏感力が強すぎて、精神的に辛くなり、将棋や囲碁の面白さに気付く前にやめてしまいます。

一方で、同じく負けず嫌いですが、負けて腹が立っても（頭に血が上っても）、将棋や囲碁の魅力や面白さも手伝い、鈍感力も多少あり、次第に勝つ喜びも生まれ、継続していくうちに強くなっていくタイプもいます。

子どものうちから、人を相手に（ゲーム機ではなく）将棋や囲碁をすることで、自然に敏感力と鈍感力の適度な共存、これが身につくのではないでしょうか。

トッププロでは必要な敏感力と鈍感力

渡辺先生は、「プロのトップレベルの棋士は、鈍感力がないと潰れてしまうね。中原誠名人は、敏感力もすごいが、鈍感力も兼ね備えていて、負けてもそれが尾を引かないね。そうでないと駄目だね。羽生名人もそう、したたかだね。プロにはこれが必要だね。名人になる力があるという人で、敏感すぎる人もいてね。やはり敏感だけでは難しいね。だからといって鈍感力だけでは絶対に強くならないね」と、このことは、勝負の後に数度聞かされました。初めて聞いた時には、先生の書籍には鈍感力を強調していて、「あれっ」と思いましたが、やはり敏感力と鈍感力の共存が必要なのだと教えられたような気がしました（先生の著書に「鈍感力：集英社、二〇〇七年」があります）。

一方で、名人を含めいくつものタイトルを取れるような人は、負けてもまた勝てばいいやとかまたタイトルを取り返せばいいや、などと思えるこころの余裕があるのかもしれません。これは余裕の鈍感力とも言えるのかもしれません。

文才がありながらでも、芥川賞や直木賞を取れなかった人もいるでしょう、むしろそのような人の方が多いでしょう。賞を取れると言われ続けて取れないとき、敏感力だけでは、厳しいでしょう。

東京で生きること、この厳しい世界、批判にさらされながらも生きていかなければならない世界、先生は、自分にも言い聞かせていたのかもしれません。敏感力だけでは生きていけない。鈍感力を身につけようと。別な機会に先生は、「札幌に来て気のおけない仲間に会うとリラックスできる」と言っていました。

プロ棋士の勝負は微差です。生活がかかっています。そこで負けた場合の悔しさは尋常ではありません。それもミスあるいはポカで負けた場合にはなおさらです。酒にのめり込んだり、鬱状態になったりすることもあるでしょう。

私たちアマチュアでも、負けた時、それもポカで負けた時にはカッカカッカときます。気持ちが収まるのに数日かかることもあります。あまりにも腹が立った時は、所詮アマチュア、ポカも実力のうちとか、生活がかかっていない趣味のレベルではないかと慰めることもできます。しかしプロはそういきません。そこで鈍感力が必要なのです。

将棋や囲碁とボクシングや他のスポーツとの類似性

将棋や囲碁は頭（思考）の格闘技とも言われます。ボクシングでボディーブローを打たれ続けると、ダメージが徐々に蓄積し、終盤体力も気力も失われ、相手の攻撃を防ぎきれなくなり、簡単にノックアウトされることがよくあります。だからセコンドは「ボディーだ、ボディーだ」と叫びます。将棋や囲碁でも、強い相手と指すと思考にない手が次から次と指されます。これは頭へのボディーブローです。これが繰り返されると疲労困憊し思考力も失われ、プロや強いアマチュアでも、時間切れやポカで負けたりします。ほんとに初心者レベルのポカをするのです。頭へのボディーブロー（ブレインブロー？）が終盤に効いてくるのです。羽生名人がプロになりたての頃、先輩のプロ棋士が終盤で指す手がなくなり、疲れもあるのでしょう、動かせない所に駒を動かして負けたりしていました。

疲労感は将棋も卓球も類似しています。四十代の頃、地区の将棋大会で三回戦までいくことが度々ありましたが、疲労困憊し思考力がなくなり、それ以降は惰性で駒を動かしている感覚なのです。

若い時にこれと同じ経験をした覚えがありました。何だったろうかと思っていましたが、それが卓球だったのです。卓球も三回戦までいくと、思考力がなくなります。どんなサーブをしたらよいのか分からなくなり、惰性でサーブを出している感覚なのです。

知的なものでもスポーツでも同じような感覚になるものだと、この時に実感しました。

また勝ち続けることの難しさも分かったのです。プロ棋士でも体力がなくなると勝てなくなると言います。プロの将棋でも囲碁でも、一日戦うと普通に食べていても体重が三kgくらい減ると言います。それだけエネルギーを消費しているのです。

スポーツの世界での敏感力と鈍感力

私は大学時代、卓球をしていたので、卓球の大会には興味があります。二〇一七年の全日本選手権で十六歳の平野美宇が石川佳純を4―2で下しました。十六歳で優勝するのは日本女子卓球史上初の快挙です。五セット目に8―2とリードしていた平野美宇が9―11とまさかの逆転でセットを取られました。通常はあり得ない逆転です。この時の負けは、最後は彼女自身のサーブミスです。長いサーブか短いサーブかどちらにするか、迷いがあったのです。迷いながらのサーブです。打たれないように極力短いサーブにしよう。そしてネットに届かずミス。

通常であれば、ショックが大きく、「やはり私は勝てないのかしら」と思ってしまいます。石川佳純は、世界の大舞台を幾度も経験し、全日本三連覇している百戦錬磨の強者です。しかし、平野美宇は六セット目を11―6と取ったのです。解説者はミスを引きずらなかったと言っていました。

これは、他のスポーツの世界でも同じようなことが言えるのです。

その後、彼女は、アジア卓球選手権で準々決勝、準決勝、決勝で中国の世界No.1、No.2、No.5を破っているのです。

人間関係における敏感力と鈍感力

　ある精神科の先生に言われたことがあります。

「岡本先生はうらやましいですね」と、突然言われて、びっくりしました。

「どうしてですか」

「将棋や囲碁で負けることを知っているからです」と。

　当時、そのことを意識したことはありませんでした。

「え、そうですか。そう言われても、負けたら悔しいですよ」

「負けても耐えられるでしょう。将棋や囲碁にそれがあるでしょう。先生は勝つトレーニングもしています。しかし、それと同じくらい負けに耐えるトレーニングもしているのです」

「えっ、なるほど、そうですか」内心、面白いことを言うなと思っていました。

「私は先生のように負けを認め、それに耐えるトレーニングを積んできていないので、さまざまなことで、負けを認められなくて、それが辛いので、最後まで抵抗して、相手にいやな顔をされることもよくありました。それはいけないと分かっていても、最後まで抵抗するんですね」

「それでは相手も困りますよね」

「最近では、それが分かってきたので、極力意識するようにしています。素直に対応するようになって、周りとの協調性が良くなってきたという感じはするのですが、まだまだですね」と言います。

どの世界でも、敏感力と鈍感力は必要なことなのです。

私は石井名誉教授も素晴らしい敏感力と鈍感力を兼ね備えていると思います。だからこそ、若い医局員の話をじっくりと聞くことができたのだと思います。聞いている時に、「なんて失礼な言い方をする後輩だな」と思ったこともあると思いますが、決して怒らず、鈍感力で何事もなく聞き、敏感力でその先生の真意を理解し、長所を伸ばし、集団の力で故河邨文一郎先生の後、札幌医大の整形外科の第二の発展の基礎を築いたのだと思います。そしてそれが今、山下教授に引き継がれているのです。

七、終わりに

将棋がなければ、渡辺先生の言う鈍感力も敏感力も気付かず、先生との秘話もなかったのです。私は、将棋と囲碁との付き合いで、人間、渡辺先生を実感しました。また、教えられることも多かったのです。

将棋や囲碁を打つ人は、小学生やお年寄りまでいます。職業も千差万別です。お金も地位も名誉も関係ありません。実力が全てです。これがまた魅力なのです。

ここに、それぞれの人の喜怒哀楽があり、ドラマもあります。それがまた、一般社会にない不思議な人間関係を生み出しているのです。

渡辺先生のご冥福をお祈りします。

なお、本原稿については渡辺先生の奥様（敏子様）に許可をいただいております。

八、札幌医大石井清一名誉教授の感想

渡辺淳一先生との思い出の中に、石井教授の敏感力と鈍感力について述べています。あらかじめ教授から許可をいただきたいと思い電話をしたところ、教授から「わざわざ原稿を見せなくても好きに書いていいよ」というご返事でした。この懐の深さには驚きました。こんなにも肝が座っているのかと。とはいえ、そうもいきませんので原稿をお送りしたところ、先生から感想が寄せられました。それを紹介させていただきます。

拝啓

昨日、先生の同門会誌原稿を読ませていただきました。「渡辺先生との将棋と囲碁とのおつきあい（思い出）」は、以前から私が想像していた通り、先生にしか書くことができない原稿でした。実際に私が渡辺先生と岡本先生のそばで、二人の会話を聞いているような気持ちで感動しながら読ませていただきました。この原稿が掲載された同門会誌が刊行された時には、先生の随筆は同門の読者を独り占めしてしまうのでは、と思っております。

私の敏感力と鈍感力につきましては、その組み合わせの質と量も渡辺先生や先生と較べますと、かなり貧弱なものであることを自覚しております。どうも「褒めすぎ」ていただいているようで恐縮しております。

先生には、直接お目にかかった折にでも、先生ご自身の渡辺先生の文学論をお聞きするのを楽しみにしております。

深い味わいのある素晴らしい原稿を読ませていただき、どうもありがとうございました。

敬具

平成二十九年二月二十三日
岡本五十雄先生　　石井清一

九、将棋余話

一、子ども敏感力　負けを認めてこそ

息子が将棋の駒の動かし方を覚えたと思われる頃から、歩三歩で始めた（将棋は最初駒の動かし方から学ぶ。その次に最も簡単な勝負をする。それが歩三歩というもので、下手は駒全部揃えて、上手は玉様と玉の上の歩三つと手持ちの歩三つで勝負する。これがいわゆる歩三歩という）。

最初は当然息子の負け。その時の形相がひどかった。泣いて、将棋の駒を投げた。永世名人の谷川浩二は五歳上の兄俊昭さん（東大工学部卒、全日本アマチュア将棋大会で幾度も優勝している）に負けると、駒を投げつけたり、噛んだりしたと言います。

プロの将棋界で史上初の十四歳二カ月の最年少でプロ棋士になった藤井聡太四段がいます。彼を子どもの頃に教えていた先生は、負けた時には毎回泣いており、歴代の生徒の中

では一番泣いた生徒で、涙をぬぐわず声を上げて感情を表に出していたと言います。また将棋盤を抱えて泣いたと放送もされていました。それくらい悔しいのです。

彼はプロ棋士デビューから公式戦二十九連勝しました。これも史上初です。三十連勝はなりませんでしたが、その時に次から次へと質問する記者に対して、悔しさ、辛さを耐えて答える姿に、彼の成長を見ることができましたが、私は彼の痛々しさを感じて切なくなりました。なお彼は、奨励会三段リーグ最終戦に勝ち、十三勝五敗でプロ棋士になれたのです。五人に敗れているのです。このことは、三段リーグには彼に近いつわものの棋士が数多くいるということです。それだけ、四段になるのは厳しい勝負の世界を勝ち抜いてこなければならないのです。

さて息子には、しょうがないので負けて強くなるのだと何度も聞かせました。

「将棋は負けて強くなるものなんだからな。どんな人でも最初から強い人はいないからね。最初のうちは十回やっても十回とも負けるんだから、それが当たり前なんだから、分かったか」

「うん」

勝負に入ります。

一回目、負けそうになっても耐えて頑張っていますが、しかし息子の負け。ぐっと耐えています。

私「負けて強くなるんだから、頑張ろうね」

「うん」と息子。

二回目、顔を真っ赤にして再勝負。息子に勝ち目はなく、半ば泣きそうな顔です。しかしそれでも耐えています。ここは私も黙ってやっていました。

三回目、負けた悔しさでまた勝負にくる。しかし覚えたての頃の力では、私に対し勝ち目はありません。ほとんど負けになったその時、妻が「敏君、強いんだけど、今日ちょっと調子が悪いんだよね」。

すると息子は、将棋盤をひっくり返して泣きじゃくり、「お母さんが、しゃべったから負けたんだ。何でしゃべったんだ」と、妻にしがみつき拳を握って叩き始めました。しばらく、それが続きました。

自分の力で負けたとは思いたくない。負けた理由を他人のせいにしたい。そこにタイミングよく妻が声をかけた。負けた理由づくりが可能になり、同時に負けた悔しさをぶつける相手が現れた、子どもにとってこれほどの救いの神はなかったのです。

思い起こすと、卓球の福原愛は、子どもの頃泣き虫愛ちゃんで親しまれていました。床に仰向けになってワンワン泣いていました。平野美宇も負けそうになると泣いて悔しがったので、「第二の愛ちゃん」と呼ばれ親しまれていました。泣きじゃくる姿が印象的ですね。

その後、息子の気持ちが落ち着いてから「将棋が強くなるためには強い人と将棋しないと駄目だろう。強い人とやったら将棋勝てるか、そうでないだろう。うんと負けて強くなるものなんだ。そうだよな」

「ウン」返事はいいのですが、何度同じことを繰り返したか。

これでは駄目と考え、将棋クラブに通わせることにしました。

最初の日は負けてばかりで、顔を真っ赤にして指していた。過去に見たことのないほどの赤さで、血圧が上がっているのではないかと思ったほどです（子どもだからそんなことはないのですが）。そんな日がどれくらい続いたでしょう。

このようにして負けを認めて成長し、負けた時でも「どうもありがとうございました」と挨拶できるように成長していくのです。

二、勝ちを譲ってこそ

私が将棋を再開して四〜五年たった時でした。ある名士で地区代表クラスの将棋のとても強い人がいました。過去に対戦したことがあり、勝ったり負けたりでした。

道場主に「新聞の将棋欄に載せるので、対戦してみないか」と言われ、その町に出かけ対戦することになりました。道場主は良い対戦になるとみていたのでしょう。あっけなく終われば、新聞将棋になりません。

終盤に入り、私はこれで勝ちと、詰みの一手を見つけ、その駒をつかんだのです。しかし、その駒をいったん駒台に載せてから、しばらく考えました。

これで私が勝ったら、社会的地位もある名士の名誉はどれほど傷つくだろうかと。名士も強いと言われていても、たいしたことのない医者に負けるレベルか、などと思われるかもしれない。単に、一対一で将棋を指して負けるのであればまだしも、それが観戦記となり七〜十日間くらい、公の新聞に載る。負けた方はそれをその間、屈辱を味わい続けなければならない。そのショックは計り知れないのではないかと考えたのです。

それに対して私は傷つくことも失うものもない。ここは勝つべきではないと結論を出し、私はわざと別の手を打ったのです。将棋は微差で進むものです。終盤になり、一手間違うと致命的になります。

名士は「やあ、勝ったよ、負けたと思っていた」と大喜びです。完敗したと思った将棋に勝ったのですから。私の持った駒を見て負けを覚悟していたのです。しかし違う手が指され、そして大逆転です。

「先生があの駒を手に取った時、私は負けたと思いました。どうしてその手を指さなかったのですか」と、聞いてきます。観戦者も「先生の勝ちと思っていたのですが」と言ってきます。「駒をとってから迷いが生じましてね、勝負は時の運ですね」と答えたのですが、名士のあまりのはしゃぎように、私は「私の気持ちも知らないで」と、腹が立ってきました。本当に負けて良かったのだろうかと。

しかし時がたつに従い、やはり負けてよかったのだと心から思うようになりました。名士の立場を考えれば、考えるほどそう思えるのです。

勝つことだけが全てではないと。

1. 将棋の角は成り角になると「馬」になります。
「馬」は金銀3枚に相当すると言われるくらい、強い守りを発揮します。攻めにも有効です。それを逆さにしたのが左馬です。

2-1. 左馬は「馬」の字が逆さに書いてあります。「うま」を逆から読むと「まう」と読めます。
「まう」という音は、昔からめでたい席で踊られる「舞い」を思い起こさせるため、「左馬」は福を招く縁起のよい駒とされています。

2-2.「馬」の字の下の部分が財布のきんちゃくの形に似ています。きんちゃくは口がよく締まって入れたお金が逃げていかないため、古来から富のシンボルとされています(天童市観光センター)。

天童市では日本の将棋の駒の9割以上が作られています。

虹と雪のバラード　師の教え

河邨文一郎札幌医大名誉教授との対談

医のこころ

「前医をそしらず」

「聞き上手になりなさい」

「病気だけをみてはいけない」

人生とリハビリテーションを語る

1997年1月7日、河邨名誉教授宅を真野行生北海道大学教授（故人、1917〜2004年）と訪問した時のスナップ。奥さんが撮ってくれた。河邨名教授に北海道のリハ医学会の発展のためにお力添えしていただきたく、真野教授と共に街で一席を設けた。意気投合して、河邨教授宅を訪問することになった。

河邨　文一郎

かわむら　ぶんいちろう

一九一七（大正六）年小樽市生まれ。昭和後期―平成時代の医師・詩人

一九五二～一九八三年札幌医科大学整形外科学教授。日本整形外科学会長、国際整形災害外科学会副会長、日本学術会議会員も歴任。小児まひ（ポリオ）の後遺症治療の権威で、短くなった下肢の延長術を開発したことは有名。肢体不自由児の父とも称され、子供の療育に力を注いだ。北海道大学在学時代から金子光晴に師事し、金子光晴の会運営委員長。詩誌「核」を主宰。一九七二年札幌冬期オリンピックの「虹と雪のバラード」を作詞。

一九四九年詩集「天地交驩《かん》」で北海道文化奨励賞。一九五六年北海道医師会賞、一九七二年第一回札幌市民芸術賞、一九七五年北海道新聞文化賞、一九七六年高木賞、一九八一年北海道文化賞、一九九〇年勲三等旭日中綬章、一九九二年北海賞開発功労賞、一九九八年「シベリア」で日本詩人クラブ賞を受賞。二〇〇四年逝去。

故河邨文一郎先生から、私たち医局員は若い時から、含蓄あるお話をよく聞かされていた。若い時には、「キザッポイ」と思ったこともあったが、年月が経つに従い、こころに引っかかり、それが離れないのである。そして長い間医療に携わってきているうちに、それが深い意味合いを持つことを実感してきた。河邨先生が退官してからもリハビリテーション医療の分野で年数回はお会いし、いろいろとお話しする機会に恵まれた。そして、その言葉を医療に携わる人たちに伝えたいということと、河邨先生の医療にかけてきた人生について深く知りたいという思いに駆られ、対談をお願いしたのである。先生は、胃ガン手術後の在宅酸素療法をしていた時で、決して、体調は良いとは言えなかったが、快くお引き受け下さった。

対談は二〇〇一年一二月二十二日（土）と二〇〇二年一月二十日（日）の二回、計八時間ほどにわたった。その内容をまとめたものである。

私が非常に驚いたことは、この対談中、一切メモもなく全て記憶にもとづいて話していたことです。その記憶力のすごさに脱帽しました。

医のこころ

先生はお会いするといつも、含蓄のあるお話をされます。日頃、その話をきちんとみんなに伝えたいと思っておりました。そこで今日、この機会を持つことになりました。ほんとうに有り難うございます。

私が整形外科の医局に入った頃、先生が頻繁に言っておられた言葉がありました。

「前医をそしらず」

「聞き上手になりなさい」

「病気だけを診てはいけない」

（患者さんにはさまざまな事情があるものだ）

（来た患者さんはみんな同じように診なさい）

というものでした。

とくに「前医をそしらず」ということと、聞き上手になりなさいという言葉は、よく聞かされました。前医には「いろんな事情があるものだ。来た時にはよくなる時期であることが往々にしてあるものです」とか、「先輩の話を最後までじっくり聞かないと、学べるものも学べなくなる」とか「病気だけを診てはいけない」というものでした。

私はこれらを三つの教えと言っていたのですが、時々、あとふたつ加えて、五つの教えということもありました。それは「好意の無関心」とも言いますが、相手のことを考えて何でもしてあげるということがよいとは限らないとか、「先輩からよく学べ」ともお話しされていました。

これらは、私が医者になって十年以上経ってからも、同門会の席や何かの会議の時もよく聞かされました。時代が変わっても、変わらないものがあるものだと強調されていました。

この三つの教えとも五つの教えともいうことを先生が言われるようになるには、深いわけがあったと思われます。それを若い人に伝えたいということが一つです。

それともう一つ、北海道リハビリテーション学会ができたのが一九六三年です。これは、当初、肢体不自由者リハビリテーション研究会でしたが、それが一九六六年に北海道リハビリテーション学会になりました。これは、日本リハビリテーション医学会の創立よりも先駆けていました。その時に全ての職種、いろんな職種の人たちと一緒にするということを先生は強く主張されましたが、その伝統が北海道では現在まで引き継がれています。そのことが、北海道リハビリテーション学会を大きく発展させるという原動力にもなりました。それを創設した頃の、先生の思いをお聞きしたいことと、先達といいますか、高木先生、天児先生、水野先生、土屋先生、津山先生がたは、みな整形外科医ですが、リハビリをとても大事にされてきていました。とくに、リハビリ学会では、朝から夕方まで、会場の前の席に座られて、講演や発表を聞いている姿がありました。今の先生方が大事にしていないということではないのですが、こうした先生方にリハビリにかける熱い思いを感じます。それはどのようなところから湧き出ているのかお聞きしたいと思います。

そのほか、北海道で仕事をなさったきっかけなど、ザックバランにお聞きかせいただければ幸いです。

「前医をそしらず」

「コーヒーを飲みながら始めようか」

「はい、私は三つの教え、五つの教えと言いましたが、先生は私が整形外科の医局に入った頃、昭和四十三〜四十四年頃から言っていました。先生はその教えをどのようにして身につけられたのですか」

「先輩から教わったこともあるしね。前医をそしらずなんていうのはかなり古い言葉でしょう。表現もね。うちの親父からかもしれませんね」

「そうですか」

「要するにね、医者と患者さんというものは信頼関係で結ばれているわけだから、それが崩れたら、どんな医療でもなりたたないでしょう。それは自分とだけでなく、他の医者にも言えるわけだから、それを崩すようなことは言うべきでないでしょう。単純に同業者だからかばうというのではなく、そんなけちな考えかたでなく、医療全体が信頼されていかなければならないでしょう。経過でよくなる場合もあるし、医者には誤診ということもありうるわけだしね」

「例えば、整形の椎間板ヘルニアなどで、腰痛が強く、前医のところで治らなかったけれども、次の医者を受診する頃に改善傾向にあり、数日してよくなったということはよくありますね」

「あるあるね」

「それから交通事故や外傷で細菌感染が伴って手術をせざるを得なかったということで、術後の経過で感染を起こしたからといって、そのことで前医のことをどうのこうのと言えないですよね」

「極端に言えば、開業医が人力車に乗って急いで、もっと急いで走れと、早く着かないと病気が治ってしまう」

「はっは、そうですか」

「そういう漫画が出たことがある」

「いつごろのお話ですか」

「それは僕が子どもの時、子どもの時というか、学生の頃ね」

「そうですか」

「言ってみれば、この薬の苦い汁でね、効いたと思うんだね。このように逆の場合もあるんだね」

「よく、若い先生で、薬物治療で自信を持っている場合など、自分の考えている処方と異なっていると、どうしてこんな処方をするのだと言わんばかりに顔色が変わったりする人がいますね」

「ほんとに、もの知らずで、人間的にプアでね、プア過ぎるのがいるからね」

「私はこの『前医をそしらず』という言葉をずっと使わせてもらっているんですが。河村文一郎の言葉だと。先生の前で呼びすてにして申し訳ありませんが、これを言っているんです」

「難しい言葉でないから、一言言えばみなわかることなんだけど。ある開業する先生がいて、その時のお祝いの挨拶でのことで、この話を言ったんだよ。「前医をそしらず」の話をね。そしたら、終わってから、古い開業の先生が、わざわざ僕のところへきて、是非またいろんなところでお話して下さいとね」

「開業の先生がたは先生のお話を実感しているんですね」

「そうだと思うよ。若い連中はまたやるんだよな。古くて、いまでも一番大事な話なんだよな。ポリオの頃もそうでしたよ。ポリオの大流行の頃ね。みな最初はポリオだと分からないから、夏かぜみたいな症状で分からないでしょう。とくに潜伏期では。その時、麻痺が起きてきたらダラッとして素人でもわかるでしょう。その時にだよね」

「こんな病気が分からないのかというのですね」

「そうそう、誰にでもわかる時期はあるんだからね。それをそれ以前に診断できなかったからといって、その時は誰だって診断できないんだからね。そうでしょ」

「そうですね」

「それは医者仲間の礼儀ですね」

「そうですね。薬でも、時代と共に変わっていきます。しかし、また見直されて元に戻る薬もあります。サイアザイドがそうですが、「こんな薬を使って」と、前医をそしった医者が、見直された時に、「私が間違っていました」とは、絶対に言いません。そしった言葉だけ患者さんに残ってしまいます。そして、不信感だけが残ってしまうということになってしまいます。怖いことですね」

「ほんとに、そうだよ」

「このことは、いまも僕の日常診療の中に生きていますからね」

「是非、そう続けてもらいたいね」

※先生は「前医をそしらず」をかなり古い言葉でしょうと言っていた。
貝原益軒（一六三〇～一七一四年）（本草学者、儒学者）は養生訓の中で次のように述べている。
「我よりまへに、其病人に薬を与へし医の治法、たとえあやまるとも、前医をそしるべからず。他医をそしり、わが術をほこるは、小人のくせなり。医の本意にあらず。其心ざま、いやし。きく人に思いくださるるも、あさまし」（巻第六・病を慎む）
なお、貝原益軒は医者ではない。

「聞き上手になりなさい」

「次のお話に移らせていただきます。聞き上手になりなさいという言葉です。最後まできちんと聞きなさいと言っておられましたが、話が自分の考えていることと違っていると思うと、僕らはすぐに言葉をはさんで「それはこう違うのではないですか」などと言ったりします。先生はそのことをよく注意されていましたね。先輩の話の中には部分的に違っていても、全体の中でまとまっている場合もあるし、話の中味で参考になることもありますし、最後まで聞いているうちに自分の考えが誤りだと気がつく場合も往々にしてありますね」

「それは、絶対にね、早い話が、僕ら医局の時にね。わりとよく勉強したからね。医局に入った頃は、僕は何年か先輩よりもはるかに多くの本を読んでいたね。小学校の時から本を読む習慣があってね、教科書みたいなものを与えられると、一気に読んでしまう。自分で読めるものは一学期のうちに読み上げてしまう。うちの親父もそうだったようだけど、さっさと読んでしまう。そこで夏休みくらいになると読むものがなくなるからね副読本とか参考書とか、他のいろんなものを読む機会がもちろんできるわけでね。漢文なんかでも十八史略だとか、論語とか中庸とか、そういったものを読んだりするわけでしょ。高学年になってから、教科書に出てくる漢文というのは、旧制高校の時などに読んで面白かったから、さらに原点の方などにもある程度、進んで、一所懸命を読んだりしたね。そういうようなことをやってきていたものだから、医学部に入ってもね、例えばその当時、外科のエクセルというので、一般外科の教科書でね、それも読んでいたね。

医学部の学生の時、二年目の後半くらいからポリクリ（臨床実習）が始まってね、夏にそれまで読んだものが何の役にも立たない。何も覚えていない。ということはね、医学というものは、実際、体験しなければ記憶できないということなんだね。そういうことが分かったんでね。テクニックだとかね」

「とくに、外科系は体で覚えないと、難しいですね」

「それも非常によく分かってね。それから、医局に入って、先輩がいろいろ教えてくれるわけだけど、『こうしなさい、ああしなさい』と教わるわけだけど。こっちがさんざん読んだものであったりすると、『はいそうですか、はい、はい分かりました、有り難うございました』といっても、こころがそう思っていないから、ほんとに分かったという顔をしてないわけだよ。いい加減なんだよ。ほんとに有り難いという顔をしてないんだよね」

「そうなるんですね」

「教わった時に、そんなことは知っていますよというような顔をしたら最後、二〜三回したらもう絶対教えてくれないですよ。それから僕も考えた。知っていても決してそういうことを顔に出しちゃいけない。何回かのうちに必ず知らないことがある。それを教えてくれるわけでしょう。それによって自分の知識が増えていくわけでね。いまでも自分に対する戒でね。これは、医局にいた時に感じたことは正にそれなんだね」

「確かに、教えている時に分かっているふりをされると、教える方はいい加減いやになってきますね」

「そうでしょう。それからね、医局のことだけど、大学の医局では、技術を教わるだけでなく、医者の見識を含めて、教わるところでね。医者の技術とは強いて言えば、医者としてのマナーを含めてね。定年になってもしばらくの間は、数は少ないけど、医局の連中と遊びに行ったりしたね。その時でも医局の若い人たちは喜んでくれたね。最近では、そういうことはまったくないんだってね。車時代になったから、仕事が終わるとさっさと帰るとか、アルバイトに行くとかね。今日は手術が早く終わったから、医局で一杯やっていくとか、ススキノに流れようかとか、そこで先輩後輩、仲良く語り合って医者のマナーを教わるとかね。そういうこと大切だと思うな、そういうことがないと寂しい感じがするなあ」

「病気だけを診てはいけない」

（患者さんにはさまざまな事情があるものだ）

「先生は、同門会だったと思うのですがヒポクラテスのお話をされたことがありましたね」

「あれはね、同門会の五周年でね。ヒポクラテスの話の内容は、要するに、医者をたしなめて、教えとして、お前の前にいるのは病気ではない。患者であるということで、それからこっちのつけ加えになるのだけれども、患者さんというのは社会的な存在であるとね、職業もあり家庭もあると、年もとってくるわけね、だから、それを modify して、rehabilitation の話をしているわけね。ヒポクラテスのものでは何か書いたものがありますよ」。

「先生はよく患者さんを診る場合に、病気だけを診るのではなく、その人の全体像をよく見なさいとお話しされていましたね」

「それね、医者として一番参るのは、診断が正しくてこういうふうにするのが一番いいんだと最良の道を suggest しても、その通りやってもらえるのは稀なんだね。そういう場合には、next best とか次善の策でね、次善ぐらいでやっていただけるのは、まだいい方で、三善、四善ぐらいでよいと受け入れられないといった場合も現実にあるわけでね。

Informed consentという言葉が使われていない時代でね。なぜそのようになるかというと、職業上の理由で勤務の体制でね、こちらが休みなさいと言っても、休めないわけでね。医者の言う通りにいかないということが多いし、家庭で祈願しに行ったとか、同じ屋根の子ども同士の間に問題があったとか、共稼ぎなどいろんな条件があって、最善の治療を受けられないことが、多いんだよね。それ以外の理由もいろいろあると思うけど。了解してくれた患者さんだけで解消できないんだね。そういう患者さんがいるんだね。その患者さんを怒っても意味がないんだね。そういう点で、医者は寛容でなければならないね。

「病気だけを診ていてはいけない。厳しい現実を見て医療をしなければならないということですね」

「そう、そういうことね。最近また、その厳しい状態、その傾向が一層強まっているね。それが心配でね」

※ヒポクラテス（紀元前四六〇―紀元前三七〇頃）
「医学の父」「医聖」ともいわれ、病気を神、魔法や呪術から解放しました。

「病気そのものよりも患者を診なさい。いまや、われわれは病気そのものに焦点を当てすぎ、患者に目が向いていない。現在の医師に言っているようですね。さらに「患者の環境や生活は病気の評価や回復過程に重要な要素であり、食事、習慣、年齢、思考などを観察するように」と述べています。

（来た患者さんはみな同じように診なさい）

「来た患者さんはみな同じように診なさいと先生は私の医局時代によくお話しされていましたが、先生の御尊父の百合人先生からの影響もあったようにお聞きしたことがあったのですが」

「それはね、親父の影響というよりも、親父の病院の周りが、低所得層の人たちが大勢いる区域だったということもあって。表通りは違ったけど。僕は希代のガキ大将でね、僕の傘下にある子どもは、みなそういう低所得層の人たちだったからね」

「先生はそのようなガキ大将にはみえないですけどね」

「そうみえるかね」

「身体が大きかったのですか」

「うーん。剣道が強かった。子どもの時からやっていた。子分がみなやっつけられると、親分が行ってやっつけなければならない」

「先生の時代には厳しい生活の人はいまよりももっと多かったと思いますが、僕は岩内という町ですが、小樽や余市よりももっと西の漁業の町ですが、自宅の周りにはほんとに貧乏な人たちがいました。そういう人たちと一緒に遊んでいました。ある時、子どもたちが、ある貧乏な子と遊ばないと言い出して、僕自身はそれだったらあなた方と一緒に遊ばないと言って、拒否したことがありましたね。中学、高校の頃は私の家はだいぶ傾いたのですが、小学校の頃は、僕の家も比較的ゆとりがあった方で、僕らの周りには必ず貧乏な人がいました。いつも、そういう人に接する機会がありました。今の人はそういう人たちのことを考えることが少なくなってきているのではないかと思われるのですが」

「子どもの頃だから、そういう気遣いはしていないと思う。こっちはそんなことではなくのんきだから、チャンバラやるから集まれ。それが面白いからみな来るでしょう。エッセイにも書いているけど、早い話が「チャンバラやるからちょっと来い」というと、「待ってくれ、これからおふくろの命令で南小樽の駅まで石炭をかっぱらってくるから、行けないんだ」とね。そこで「お前はどうだ」というと、「それについて行きたい」という。それならと、一致団結して、みなで石炭置き場にかっぱらいにいくわけでね。僕はかっぱらったら親父に怒られるから、こっちは見張り番をまかせろと。人がくると、「逃げろっ」と声をかけるわけだね。するとみな「ワーッ」と逃げるわけだね。盗って帰ってくるとそれで初めてチャンバラができるわけだね。それから芝居をやるからみな集まれとか相撲をとるからみな集まれとかね。そんなふうにしてね」

「雰囲気が伝わりますね」

「それからまた、焚きつけのために材木の皮をはがすのに叔母さんの番兵に行ったりね。それで、僕が逃げろと言うと、叔母さんも逃げろと言って、みなで逃げたりね」

「このような話は小学校の頃のことですね」

「そう。それから、中学くらいになったら、街に出て、みなで昼飯を食いに集まったり、一緒にご飯を食べに行ったり、そのような付き合いをずっとしてたからね。そこまでいったら、食うや食わずの時であっても、わりかし愉快に過ごしていたね。僕が一番参ったのは、子分が喧嘩して負けたから仕返ししてくれと言われて、隣のガキ大将と大喧嘩になりそうになってね」

「いつごろのお話ですか」

「小学校の頃、十一〜十二歳の頃、それくらいの時でしょうね」

「石炭をかっぱらいに行くというお話ですが、昔はいけないことだと分かっていて、しかし、それやってほっとするというか、そして、いいことと悪いことの区別がついてくるというか、いろんなかたちで教わってきます。このように生活の中で身につけていくことができましたけれど、今の子どもたち、都会にいる子などはそのような機会が少ないですね。僕らでしたら、さくらんぼを盗ってきたとか、味瓜を盗ってきたとか、そしてどうだと言ったり、言われたりして、そのような自慢話がありましたね。かくれた自慢話といいますか、悪いことをしていると分かりながらですね」

「そうそう、罪の意識をね」

「ええ、それをある程度意識しながら、してはいけないことをして満足感に浸るといいますか。そしてこころの成長をしてきたと思うのです」

「背徳の楽しみというかね」

「ええ、そうですね。今の子どもたちは、そのようなことを経験しないので、いいことと悪いこととの区別がつかないまま大人になっているという話はよく聞くんですね」

「自分を許せないとか、その逆に百%許してしまうとか。そこらの判断ができないんだね。小さいことならまだしも、大きな害悪なら、これはこれで困るけどね」

「そういう経験をしていると、大きな悪いことはいけないものだとわかるといいますかね」

「人間だものね。全然、罪や咎もなく、世の中を渡れるわけがないでしょう。程度の問題でしょう」

「ええ、そうですね。僕らはそれらの判断は自然に身につくと言いますか。そういうことがあると思うんですね」

「あんまりにも日本人みたく、一億総健康児みたく、ひとのことばかりやかましく言って、自分がどうであるか分からない。そういうことが一番困るね」

人生とリハビリテーションを語る

一、整形外科の先達とリハビリテーションの理念

「次は、整形外科の古い先生方が、リハビリテーションのことを、とても尊重されていたというお話ですね」

「はい」

「その当時の医療の世界を考えると、患者さんと医者というのはね、医者という職業、その技術的なものですね、そういったものを境にして役割がぴったり決まっていたということではないかね。

実際に、働けなくなると、食うものにも困るし、直接、生活と結び付いているから、医者の方も病気を治すことに強い責任があるしね。とくに整形外科みたいな身体の不自由がある患者さんを治す場合には、それはまた結局、すぐに生活を楽にするように、収入にもプラスにもなるような治し方、現実に実を結ぶようなことを要求されるわけでしょう。

ましてや患者さんは実際、働いているわけだから、そういう意味では身銭を切って来るわけでね。また、他の者のその日の仕事に迷惑をかけることになるわけだから、それだけに治してもらう方も真剣だし、医者の方もそれで成果がなかったら、患者さんの期待に応えることができないわけでしょう。

そのへんのところが違うんだね。技術を売り物に出して、つまり売買の対象にしてやっていくのとはね。技術を売り物にしたり、売買の対象にするのは、非常に最近の話だけど、以前はそのようなことはなかったね。何とかしようというこころがあったね。

我々にしても、ギプス一つ巻くにしても、よく言ったでしょう。決して手を抜いたりしてはいけない。芸術品を仕上げるつもりで巻かなければならないと幾度も話したと思うが、後で、どこで、誰が巻いたのかわかるわけでしょう。

私も定年になってからもよそで働いてギプスを巻いたが、他の病院で誰が巻いたのかと誉められたりもしたね」

「転がすように、撫でるようにですね」

「えらいデコボコのギプスがあるよね。よく話題になるのに、知っているかもしれないが、義経の弓流し、屋島の戦いの最中に義経が落とした弓を拾おうと思って、あんまり危ないところへ行くものだから、周りの家来たちが『黄金作りの弓であっても大将が弓を取りに行くのはいけません。殿の命にはかえられません』と言ったら、義経が『叔父の源為朝のような二人も三人もかかって弦を張るような強い弓であれば、わざと落として敵にも拾わせるが、敵の大将、義経がこんなに弱い弓を引いていると嘲笑されたくなかったのだ。だから命にかえて拾ったのだ』とね。義経のプライドだね。名を重んじたんだね。源氏の総大将がとやかく言われるようではだめだと、それと同じように、自分も技術者だからね。

私の父の百合人が翻訳して出したフリッツランゲの本、あの本は、整形外科のバイブルのような本でね、一九二〇年代にドイツを中心にした権威者がみんな集まって分担執筆して出した教科書でしょう、それにもうちの父が最後にクリュップルフィジオロギー（身体障害者療護）という項目があって、それについてね、ベルリン大学のリザウルスキーという教授が世界最初の身体障がい者の調査だね、Zorung だね、これは数を数えるという意味だけどね、そして　その調査結果から、いろいろ mediatristic Kruppleheim（医療的肢体不自由者施設）をつくり、職業前訓練をやるんだね。そういうことの必要性を訴え続けているわけだね、このように、もうその当時からやっているんだね」

「なるほど、そうですか」

「だから、近代的整形外科を学んだ人は、みんなそういうところに目が向いていたわけだね」

「すると現代の整形外科にはずーっと伝統的にそういうものがあるんですね」

「そうね。そういうものがあるんだね。治療が終われば、ちまたに返してさしつかえないわけだけれど、現実にその障がいのある患者さんと接触し、会ったとしたら、必ずどうして生活しているとか、医者として援助してやる必要性がないかどうかと、とくに手術をした場合は相談を持ち込まれるわけだね。そういうことがあったんだろうね。

よその科と違って、整形外科は感慨、無念といったもので過ぎていく、そういうようなことが、とくに手術をやっても後遺症が残った場合などに、あったのかもしれないね。

伝統的に整形外科は障がいを扱ってきたでしょう。とくに日本の場合はドイツの整形外科のもとで天児先生、高木先生などは、それを受け継いできたのではないだろうか」※

「ドイツは障がい者とかリハビリテーションという考え方を重要視していたんですね」

「そう、障がいについてはドイツは伝統的に重要視してきたし、ドイツだけでなくヨーロッパ全体がそうだったんだね。僕らの時はドイツ中心だったからね。整形外科医、Orthopedic surgeon と言われたのはごく最近で、ヨーロッパでは、内科医はDr.だけど、外科医は

surgeon で、医者と言わないでしょう」。

「そうですか」

「だから、訪ねて行っても、外科医であればMr.で呼び出して、Dr.では呼び出せないでしょう。僕らの頃もそうだったね。整形外科医はもちろんMr.でなければ呼び出せなかったね。機械的な治療や矯正治療といったものも技術者と紙一重でしょう。よく言いませんか、ナポレオンが遠征に行っていた時、床屋の看板を見て、あれはいつ始まったのかと聞いているんだね」

「白と赤の色、包帯と血の色ですね」

「そう言ってたでしょう。戦争では外科医を連れて行っているから、外科医は床屋と兼業だったなどということでね。自分で確かめたわけではないが先輩から教わってね。そういう伝統とも結び付いているんでないだろうかね」

二、リハビリテーション医療の展開

「北海道のリハビリテーション学会は、日本リハビリテーション医学会のできる一年前の一九六三年に発足してます。先生がいろんなチームでやることを重視して、それが現在につながってきています。毎年毎年、学会の会員も増え、演題数も増えています。すごく盛り上がってきています。先生の思いをお聞かせ頂ければと思います」

「設立趣旨は、まさに総合リハビリテーションでね。会員は医師だけでなく、理学療法士、作業療法士、言語療法士、義肢装具士、看護婦、保健婦、心理相談員、医学関係のスタッフはじめ、学校教員、職業訓練指導員、ケースワーカー、福祉ボランティア、福祉関係公務員、その他あらゆる分野の人で構成されていてね。リハビリテーションは、あらゆる職種の協力で行われるのだから、当然と言えば、当然でね」

「設立されるまでにも、過程があったと思うのですが」

「歴史的にみると、学会そのものも、みんな集まって、アカデミックな勉強をしていく、そういう機が熟してきて、それからできあがったんだということでね。

学会ではないが、組織、下地というものは、できていたのでね。障がいには子どもの障がいと大人の身体障がいと精神科の精薄（知的障がい）などがありますね。そしてそれぞれの職業前訓練と職業指導ということで、それぞれが動きだしていたね。

われわれメディカルの方は、学齢の子どもたちが多いから、教育の問題をどうするかが課題でね。それには、学校の教育と学校外の教育があり、それから義務教育の終わった後の職業をどうするかがあるね。ソーシャルの方もメディカルな条件が改善されればされるほど、仕事がやりやすくなるということになるから、相互の依存度が高くなって、関心が高まっていくことになる。当然といえるわけで、しかし、何度言っても身体障がいの場合は、その日常生活のレベルが高いか低いかで、能力ということになるのかなあ、その人たちの幸福というか、みんな理屈では、能力が低くても仕事はできるとは言うけれど、能力が高ければ高いほど、有利な条件を持っているわけでね。そのようなことで、それに関わるメディカルなものが最初にスタートして、進んでいったということになったのでしょうね。

いずれにしても、それに養護学校を入れて、給食の分野まで含めて、全部が関心を持って協力した格好でやる必要があるということになってね。さらに、職安のところくらいまで全部包み込んで、北海道肢体不自由者（児）リハビリテーション研究会がスタートしたわけで、それがあまりにも広くなりすぎてね。いつ整合性を持たせるかが課題となってね。しかし、ものごとは現実的に動いているわけだから、あまりこうでなければいけないとか、観念的、理想主義的にならないのが一番、利口なのではないか。

僕のやり方というのは、決してこの会ではこのようでなければならない、というのではなく、ゆるやかであれば間違いがないと、その会を動かそうとする人が、私心がなければ、ちゃんとうまくいくものでね。

現実にあることは正しい理由があるから存在するのであって、人間の社会の中で、変なものでも出てくるにはそれなりの理由はあるもので、それがあっちゃいけないと叫んでみてもしょうがないことで」

「先生の考えはゆとりといいますか、幅があるといいますか、そういうふうにすべきであるという考え方で凝り固まってはいけない。幅をもって吸収していけるようでなければならないということですね」

「ううん。その中でこういうことをしようということでね。何とかいうのであったら、その中で固まってやってくれたらいいんで、中の全てのグループに入り込んでする必要はない。こっちでやってあっちでやって遊んでいる群があったって、ちっとも困らないんでね」

河邨先生のリハビリテーションへの深い認識

これは対談ではありませんが、過去に「北海道リハビリテーション学会」主催のもと、テレビ北海道で「いのち輝いて」という番組が放送されました。リハビリの患者さん四人の姿を十三回のシリーズ取り上げ、私は監修の責任を担当しました。

その時に、予告なしにディレクターから河邨先生に次のような質問がありました。「リハビリテーションとはどのようなことをするのですか」と。教授の専門は整形外科であり、またリハビリテーションの医療にも携わっていました。以下、教授の答えです。

「近代的なリハビリテーションの医学を始めたのは、ニューヨークのラスクで、軍医ですね。彼が言うには、今までの医学というのは、一人一人の患者さんの命を救うことにあったと、それから二番目に大勢の人が病気にかからないように、予防医学に移っていったね。ところが、その結果、以前はかかったら必ず死ぬだろうと思われていた病気でも助かったり、こういう怪我をしたら助からないとまで言われていたものも助かり、障がいのある人が増えてきたわけでね。

死なないで、生命をとりとめて、それが医学の勝利のように見えるけれども、実際は重い障がいを持ち生きながらえていかねばならないと、これも医学の発達がもたらしたものであるから医学に責任があるとね。

こういう障がいのある人が病院の門を出た時に、我々の責任が解除されたわけではなく、社会復帰するまで、社会に返すまで我々の責任があると、ラスクが言ったね。実に重い言葉で、それから、世界的にリハビリテーションが広がっていったね。

よく病院で歩いたり、上肢の訓練をしたりするのがリハビリと思っているでしょうけど、それは、リハビリの医療的な技術的なことを言っているだけで、リハビリテーションはスケールの大きな理想を持った言葉でね。病院の外での職業訓練や職業の斡旋までも考えているのでね。就職した後も見極める、いわゆるfollow upもするわけで、リハビリを小さくみられると残念だね」と。

教授はリハビリ科の専門医ではありませんでしたが、今思うと、実にリハビリのことを深く理解している、含蓄のある言葉を話されていたと思います。

当時の他大学の整形外科の教授や名誉教授は日本リハビリテーション医学会学術集会の会期中、朝から夕方まで、いつも前席で講演や発表を聞いていました。よく体力が続くものだなあといつもと感心していました。それだけ、整形外科の先達はリハビリテーションへの思いが強かったのだと思います。

三、北海道のリハビリテーション医療前史

「先生は、総合的に、歴史的に見ているわけですね」

「そこで、そういうことを頭に入れながら、僕の肢体不自由児に対する考えを言わせてもらえば、いろいろありますよ、河邨という男はね。はやく行政に取りいって、行政の反発を利用して自ら審議会とかにいろいろと入り込んで、その指導的な役割をして、道の代弁

者になって進めているという人も、長い間、いたね。じゃ、それ以外の方法で、『これして下さい』『こうやったらどうですか』『ああやって下さい』など『何々をして下さい』といって、いくだろうか。簡単ではないでしょう。それよりも、組織の中に入って、自分たちがやるほうが早い」

「確かに、そういう面はありますね。ただ、実態を知っていて、影響力のある人でなければ、難しいですね」

「確かにそうでしょう。実際、その方がやりたいことをやりやすいでしょう」

「そうですね」

「ただ、こちらは行政のいいなりになるわけではないわけで、行政マンになるのではなくて、社会福祉団体と行政と協力しながら、つまり是々非々の関係で、民間の団体であるということが、非常に大事である。そう思うでしょう」

「ええ」

「誰があんな大変なことを好きこのんでやると思いますか。ああやって下さい、これやって下さいとお願いする。それだけでは、具体的なことは進まない。全国で肢体不自由児の療育というものは、僕がやっている間は、全国で一番早かったでしょう。東京はお膝元だからそうだけど、すぐその後、北海道だったでしょう」

「そうですね。先生のように一定の力をお持ちの場合には、組織の中に入って、有効に機能すると思うのですが、そうでない人の場合には、入ることも機能することも難しいのではないでしょうか」

「そういう考えもできるかもしれない。しかし、いま思えば、そうでもしなければ、北海道での肢体不自由児施設の療育は生まれなかったと思う」

四、巡回診療

「次は、巡回診療についてですが」

「高木憲二先生もそうだけど、とにかく、北海道の身体障がい者のためのリハビリテーションに関しては、昭和二十五年に、肢体不自由児協会と労働省と厚生省とが、一緒になって、第一回の全国巡回診療が行われてね、あれが最初でしょう」

「北海道においてですね」

「そう、それで、その時に、肢体不自由児の巡回については、整形外科が地方になかったから、整形外科の方は東大から来て、高木先生自ら来るという予定でね。耳鼻科と眼科は、地方からで、巡回診療は、最初、函館から始めて」

「高木先生が、わざわざ来られたんですか」

「高木先生は出発直前に、身体の調子が悪くなって、来られなくなって、それで東大からきたのが、佐藤孝三先生と他に藤本憲司先生でね。佐藤孝三先生は僕より三年先輩、藤本先生は十一年先輩、それから青池先生でね」

「ええ」

「北海道から僕が参加して」

「すごい豪華メンバーですね」

「ところが、一人まだ足りないということで、当時、医局にはY君とU君とがいて、Y君が行くことになり、U君が留守番をすることになって、『君はしっかり守っといてくれよ。決して手柄をたてようとは思わないでくれよ。失敗して後始末で困ることがないように、しっかり、守ることだけをやって、決して無茶はやるなよ』といってね。その『決して手柄を立てようとするな』ということが、若い医局員の教育に使われるようになってね。

「医療は患者さんの機能や命がかかっていますからね」

「そう、そういうことね。その後、巡回診療に出かけて、義足のない人、義肢のない人、補装具、そういうものを義肢屋さんに来てもらう。職業指導、職能指導は東京から来た労働省の人がやり、医療費の問題については、厚生省の役員に相談するとかしてね。この第一回目の時にはものすごく患者さんが来た。二時間、三時間で終わらないで、夜の七時くらいまではかかったのではないかな。それで、みんなで東大の外来のつもりでやろうとなってね。当時の東大も随分と混んでいたからね。そんな記憶もあるね。それから、札幌でやって、旭川に行って、帯広、室蘭へとね。北海道の代表的な都市を回ったわけね。今では信じられないだろうけど整形外科については、無医村だったからね。それが、第一回、あれは大変な成果があってね。それをすぐに北海道新聞に書いてね。道新はすぐに載せてくれた。僕は、学生時代から詩を書いていたでしょう。文芸部の記者が友人にいて、彼がすぐに載せてくれた。それで、肢体不自由児施設が必要だ。Kruppleheim（肢体不自由児施設）をつくれという第一声が、そこであがったわけだね」

「なるほどね。そういう前段があったんですか」

「それで、道庁がそんなに効果があるんなら、来年からは、道でやろうじゃないか。厚生省の方からは北海道、独自でやってはどうかと、予算をつけるからということで、それから毎年、行われるようになった。僕自身、毎年、巡回診療に歩いた。だから、古い当直日誌を見ると、当時の巡回診療のことが記録に残っているはずだよ。漫画で書いた滑稽なものもあるはずだよ」

「そうですか、先生の貴重な思い出が残っているんですね」

「とにかくひどかったよ。札幌に来てみたら。街中、至るところに身体障がい者がいてね」

「それは、切断とかポリオですか。あー、そうですね、当時はポリオですね」

「ポリオ、切断、それから外傷の変形治癒骨折（骨折の変形治癒）ね」

「整形外科がなかった時代ですからね」

五、外科から整形外科へ

「整形外科があってもね。それでも問題でね。東大で整形外科ができたことになっているけど、一般外科が整形外科にかわったわけで、今の整形外科とちょっと違うのね。あの後で、徳田先生が一般外科から整形外科になって、だから整形外科の教室で、胃がんや腹部の手術をやってね」

「そうですか、そういう時代だったんですね」

「それで、僕が札幌に来て、整形外科、整形外科とあまりいうものだから、いやになってきたのでしょう。一番、ひどかったのは、僕は、北大の第二外科に一年いたことがあるけど、その連中がみな宴会の時にそろって、H先生、脳外科の教授になった彼ね。彼が、私に教えてくれたんだが、『河邨というやつは、何でも整形外科、整形外科という。俺たちのやっている整形外科は整形外科でないのか。先天性股関節脱臼の治療だとか、骨折の治療なども、我々はちゃんとやってきているではないか、おまけに河邨は、ポリオの手術をするそうだけど、俺たちはポリオの手術なんか聞いたこともない。あれは売名で、自分が有名になりたいからやっているのだろう』と、たいした非難、攻撃だと」

「そんな非難があったんですか」

「そうだよ。僕も若いもんだから、何をというわけで、整肢学院で手術したポリオの子を北海道医学会の会場に連れてきて、歩いてもらって、大デモンストレーションをしてね。ちょっと有名な話なんだけど、生理のN先生なども来てね」

「大胆でしたね」

「今だったら、そんなおかしなことはやらないけどね。その話を定年になって、十五年以上前ね、登別の厚生年金病院の院長になったでしょう。街を歩いていたら、第一滝本舘の前のみやげものの店で、『河邨先生でないですか』と、私がうなずいたら、『ああ、やっぱりそうですか。私が子どもの時、ポリオで、ちっちゃな子どもの時、先生に手術していただいて、お医者さんがたくさん集まっているところで、ステージの上を歩かされたんですよ』とね」

「その方もだいぶ年輩ですよね」

「そうでしょう。その人には、一年半前にも、羽田で会ってる。家内も会ってる。事実は小説よりも奇なりでね」

「よくその患者さん、先生を覚えていましたね」

「そうだね。手術してから、僕が新聞やテレビに出たりとか、いろいろとしているからね」

「そうですか。いろいろと記憶に残るようになっているんですね。テレビに出ているあの先生は、私の手術をしてくれた先生とかということで覚えているんですね。一度きりだと、忘れてしまいますね」

「何でもパイオニアになるということは、いろいろ抵抗があって、しかし、いろいろありながら、それとうまい具合に折り合って、やっていくというプロセスなんだね」

六、古い考え――当時の障がい者への認識

「先生はゼロからの出発ですからね。北海道に地盤も何もないところからつくり上げてい

くわけですから、随分とご苦労なさったと思います」

「一度、往診を頼まれてね。ちょっと東の方で、大きな家でね。大きな蔵の中で、ひとり女の子が寝ているわけで、ポリオだね。『何回か、手術すればステッキをついて歩けるようになりますよ』と、話したら、『是非、お願いします』となってね。それが『この場所で往診に来て手術をやって下さい』とね。『こんなところで手術できませんよ』と言ったら、『それなら、やめます』と言われて、『どうして、病院でやれないんですか』と聞いたら、『わが家に、こういう子がいると分かったら、姉の結婚に影響します。移るんでしょう』とか、『遺伝するのでしょう』とかね。そういうことで、父親の抵抗でそれっきりになってしまったケースがあったね」

「まだまだ、そういうことがあったんですね」

「それから、また、軽い手の麻痺の子がいて、学校へ行くのがいやで、そのような子がたくさんいるところなら、ということで、整肢学院に来てもらってね。玄関に一足踏み込んだところで、後ろを振り返って、母親に『絶対帰る』と。自分はその子たちと同じだということに耐えられない。これなどは、もうワンステップおいてから、来たほうがよかったかなあと思ったりね。いろんなことがあったよねえ。あせってもよくないし、それならゆったりやってよいかというと、そうでもないし、難しいね。今の君ぐらいに老練になってくるとうまくやれるのかもしれないけどね」

「えっ、私が、ですか。そんなことはありません。いつも悩みながら、ああすればよかった、こうすればよかったと反省しながらやっています。今の時代も厳しいことは厳しいですが、先生の時代と違って、社会の受け入れは、さまざまなメディアを通じて、改善してきていますから。ノーマライゼーションの思想も入ってきていますし、障がい者の雇用法もできていますから」

「確かに、時代は違うね」

「それでも、僕の経験ですが、農家の主婦で軽い対麻痺の人なんですが、立って台所仕事ができるので、それを家族に十分に説明して退院させたのですが、その後しばらくしてご家庭を訪問した時に、主婦としての仕事は全くやってなくて、ご主人によく聞いたら、『病人を働かせたら、世間体があるので働かせられない』ということがありました」

「似たようなことはあるんだね。しかし、あの蔵の話はひどかったねえー」

「人に見せたくないからですね」

「そうだろうね。巡回診療であちこち歩いて、その土地々々でいろんなことがあったね。あれは、自分にとっていい勉強になったねえ。あの蔵と同じようなことがあったからねー。北海道中、歩かないところは、ほとんどないなあ」

「一カ月間くらいかけて回るんですか」

「いや、そんなんでもないよ。その半分でしょうね。あるいはもっと短くて十日間くらいか。一日診療して、一日旅行で、一回で三ヶ所くらい回るね。夜は必ず、今は新聞で問題にされるけど、役所の人と一杯やって。あれが非常に役に立つんだよ。街の情報が入るからね。ただ飲んでるわけでないからね。その後、人情視察と称してね、我々のスタッフだけで二次会に行く。飲みに行くんだよ。楽しくてね。今でも当時の連中とその話をすると、笑うよ。人情視察が楽しみだとね、同時によーく勉強になった」

「そうかもしれないですね。田舎に行ったら、言葉使いから面白いですしね。都会と違った人情がありますしね。人情視察で、何か面白いお話でもありますか」

「いやあ、ありすぎて、困るわ。ここではあまり言われないよ」

「H君は酔っぱらって、トイレが一階なものだから、降りられなくなって、そりゃあ大変だった。宿の人に迷惑をかけたね」

「昔はそのような話が、語ると幾らでも出てくるんですね。人間関係といいますか。こんちくしょうと思うこともあったでしょうし、こんなことを考えてくれて、ほんとに有り難かったなどということもあったでしょうし。今の時代は、美しすぎるんでしょうかね。スムースにスマートにといいますか。昔はギクシャクしたこともいろいろあったと思うんですけど、その中に人間的なふれ合いがあったんですね」

「うーん。そうだね」

七、整肢学院・創設時

「何もない時代からつくられたわけですから、いろいろとスムースにとかスマートにとかいくことはなかったかと思うのですが」

「そうねえ、どんな学校をつくるかということではね。僕がニューヨークに行っていた時にはね、横浜のT先生がラスクのところに行って帰ってきた翌年ぐらいだったと思うよ。ラスクのところに何回か行って、教室の様子を見て、それも参考になったね。他にも、light house といって目の不自由な人の授産施設ね。そこなども訪問してね。また養護学校などもね。そういうところから入っていったね。日本にはあまりなかったからね。それから、道のNさんが、WHOのお金をもらって視察に来られてね。それから東京のK先生が同じように視察に来られてね。一緒に施設を見学したりとか。

日本のリハビリの黎明期だね。断片的になるけど、肢体不自由児施設をああいう形でつくったけど、どのような小児病院をつくるかどうかでNさんと意見対立しちゃってね」

「それでどちらの意見が通ったのですか」

「それがね、僕が委員から外されちゃってね。前から分かっていたんでね。Nさん、僕がいたら混乱すると思ったのでしょうね」

「そうですか。しかし、先生はNさんとは、晩年随分と仲良くしていたようにお見受けしたのですが」

「いろいろあったが、それがまたいい思い出でね。それで僕は小児病院をつくれと、Nさんは診断施設をつくれとね。僕はいい医者を集めようと思ったら、治療までしなければ集まらないとね。彼は診断だけにしないで治療まですると医師会が反対するということで、私はセンター病院をつくるなら市内でなければならないと、銭函だったら全道から患者さんは集まりにくいからね。小樽出身の道議員が銭函につくるように働きかけたようだけど。僕と対立点がはっきりしているからね。困ったものだと。それで札幌医大の方は別の人が委員になって、医大の代表となるということになって。終わり頃に、彼では動かないというこことで、医者を派遣することは不可能だということになって、W学長らの判断で、最後の最後に僕に代わったわけだよ」

「そうですか」

「それからしばらくしてからのことだけど、日本学術会議で、北海道大学の方ではT君が頑張っていてね、学術会議の代表を決める時にも、学長経験者でなければならないということだったけど、W学長に学術委員の二回目が回ってきた時に、Wさんのお声がかりで私が指名されたわけだね。反対する人もいたけど、T君は口も八丁、手も八丁だから、彼に対抗できるのは河郁しかいないということでね。彼は私の同級生でね」

「そうですか、同級生なんですか」

「彼は参議院議員にもなってね」

「すると、お互いに口も八丁、手も八丁がそろったのですね」

教授は笑いながら

「それで、リハビリテーションの技術者の養成ということの整備ということで、そこを僕が担当したんだね」

「僕が東大のU先生のところで勉強していた時、先生はよく学術会議だということで来られていましたね」

「ああ、そうそう、あの頃だね。U君もよく協力してくれたね」

「二十五年ほど前ですね」

「リハビリ関係の人たちも随分と協力してくれたね。T君とかHさんとか。みんなね。いろんなことがあったよ」

「そうですか。紆余曲折があったんですね。ゼロからの出発で、創造する過程での工夫や困難なことがあったと思うのですが」

「それはねえ、さきほど行政に食い込むという話があったけども、整肢学院ね、あれは肢体不自由児福祉協会の存在が実に大きかったね。あれが、民間でバックになっていたでしょう。それがなくて孤立して施設だけあったんでは、大変だったと思うよ。早い話が、最初施設ができた時、予算がなくて、スチーム暖房がなくてね。石炭ストーブで、それが頭痛の種でね。手足の悪い子がいるところで火事になったら、身動きができないから大惨事になるでしょう。何とかしてスチーム暖房にしようと、初代の事務長がね。実に頭の切れる男で、これがまたごついんだよ。妥協なんてえらく苦手で、よくあちこちでぶつかっていたよ。部下なんて、みな震えあがっていたよ」

「何かいろいろとあったんですね」

「そう、言ってみれば、火事をおこしてはいけないということで、火の検査だけでなくて、屋根裏の配線、漏電が起きて火災になったら大変だということで、月に一回、用務員を屋根裏に上げて配線を調べさせてね。冬であろうが何であろうがそれを調べさせたので、みんな辛いとね。そういわれても彼は断固としてそれをやらせるわけだよね」

「そうですか、職員も大変だったですね」

「そうこうしているうちに、新聞社からの取材で、施設で一番お困りのことは何ですかと聞かれて、僕がいる時に聞かれればよかったと思うんだけど、いないから事務長のところに行ったのでしょう。事務長が暖房がないということが一番の悩みだと答えたのでしょう。すぐに、それが記事になって「暖を忘れた暖房施設」と記者が書いたものだから、翌日、僕が出勤した時に事務長がいなくて、どうしたと聞いたら、『道庁に呼び出されました』ということで、道庁の課長、部長以下大変なおかんむりで、『道の職員が道を批判するとは何事か。公務員にあるまじき、許されざることだ』とね。しかし僕は、『事務長の言ったことは間違ってない』とね」

「先生は、どう考えられたのですか」

「僕はね、外部に発表したということについては、それは問題があるけれど、事実だからね。書かれるという状態にあることが問題ではないか。我々が何度言っても改善してくれないから、こういうことになったのではないか。もし、火事になったら、どうするのかと。どっちにウエイトを置くのかと」

「先生はどうなったのですか」

「もし、僕が一施設長であったら、どなりつけられたかもしれないけど、大学の教授兼務だから、向こうも煙たがったようだね。それはそれで済んだわけだけど、言語療法を導入した時もそうだった。これはO君を勉強にやったんだけど、週に一回オープンにしてクリニックを開こうということでね。これは、挫折してしまったんだけど。道に話をつけないでやったもんだから、道の民生部長がたいしたおかんむりで、事務長が、たいそうやられてね。『道議員に質問された言語療法とは何かと、それは整肢学院でやっているそうだが、どういうことだとね。道自身が知らないことを施設でやるとは何事かとね、そういうことはきちんと予算をとってやるべきことだ。勝手に施設でやるとは、とんでもない話だ』と言われてね」

「それは、どうなったのですか」

「それで僕はまた行ったんだよ、道にね。『それについてはお詫びしたいけど、そういうことなら、事務長を叱って、なぜ院長を叱ってくれないのか。院長がないがしろにされたような気持ちで、こちらは不愉快ですよ」

「そんな言い方もあるんですね。しかし、とっても先生に対してはそんなことはできないのではないですか」

「それでもね、きちんと言わなければね。そこで、やれといったのは私なんですよ。そういうことをしちゃいけないということを知らないでやったのは私なのですから、私を叱って下さい。しかし、私は、叱られただけでは納得しませんよとね」

「道も大変でしたね」

「そのような話をもっていくわけだから、相当煙たがられていたね。こんなことがあったね。閉鎖循環麻酔器を入れた時ね。それまでは、エーテルによりオープン・ドロップでやっていたでしょう。どんな手術もね」

「いまではそのような麻酔はしませんね」

「それでT君がアメリカから帰ってきて、この麻酔では子どもの手術が危なくてできないということになって、何とかして新しい麻酔を取り入れたいということで、道の福祉課を通じて、厚生省に交渉してもらったのだが、肢体不自由児施設に閉鎖循環麻酔器を入れたことはない。予算措置をした前例がないということで、病院ならまだしも、福祉施設に入れた前例がないからできないとなってね」

「それでまた事件があったんですね」

「そう、事務長が三日間、朝の九時から夜の閉庁時まで、じーっと、福祉課の前に座って頑張ったんだよ。しまいになって課長が『あれは一体何だ』『あれは札幌の整肢学院の事務長で課長に会いたいといって三日間座りっぱなしなんです』と、事務長は、『いい大人が三日間座りっぱなしで、このままでは学院に帰れません』となって、やっと課長が折れてね。彼はそのくらい骨のあるやつで、だから道庁に行くと嫌われる。彼は、そんなすごいことをやるのね」

「そうですか。そういう人がいると心強いですね」

「彼をね、絶対、僕は信頼しているね。ほんとに僕のためによくやってくれたね。ごつい人だけど、僕の言うことはほんとによくやってくれた。いろんなことがあったねえ。そういうことで思い出すとね、新年度に予算要求を出すでしょう。それもほんとによくやってくれたね。財政官に会って、そこでいろんなところから予算要求がくるでしょう。競争して、そして、そして復活要求をしてね」

「よく頑張ってくれたんですね」

「そう、民間でやるならさっさとやってしまえばいいんだけど、肢体不自由児福祉協会みたいのがあって、法人組織で、それが施設を持っていて、そこでやるのが一番だと思うけど、あとは行政の方で施設との連関をもってやるのかということになるからね」

※高木憲次氏は、一九二二年にドイツに留学し、肢体不自由者施設（Krupple heim）を視察し、非常に刺激を受けたと言われています。一九二四年、国家会医学誌に Krupple heim　についての論文で整形外科的治療、不具児に対する特殊の教育、手工及び手芸的練習及び職業相談、

以上四つの機能を備えた施設の新設を呼びかけた。

一九二五年　蔑視的偏見を打破すべく「隠すなかれ運動」を提唱。「好意の無関心」を主張。

治療と教育及び職能訓練で人間として社会生活を立派にできること主張した。

一九三二年「クリュップルハイム東星学園」開校。私的機関で四年で廃校になったが、その思想は当時の整形外科医に受け継がれ、北海道では河邨文一郎氏がそれをすすめた。

八、脚延長術――世界的反響、Chiary（キアリー）との論争

「先生がアメリカに行かれたのはおいくつごろですか」

若い時の資料を持ち出して、

「留学したのは、やはり四十二歳の時だね。それから、その時は勉強して……。」

「若い時の写真はほんとにほれぼれするような写真ばかりですね」

「いい写真ばかり撮ったからでしょう。さてと、僕が国際的に認められたのは、一九六六年の下肢延長術をやってからだね。それが三月に全世界に報道されたと書いてあるね。それもあるんだけれど、その年の五月に、ジョイント日米整形外科学会、合同学会だね。そ

れがメキシコシティでやるということで、最初にシアトルで始まって、ポートランド、オレゴン、サンフランシスコと降りてきて、それからデンバーを通って、日米の合同会議をしたんだね。日本の有力者を招待してくれて、三十人くらいいただろうか。その時に、講演したのが非常に大きな反響を呼んで」

「脚延長術ですね。僕が、整形の医局に入った一九六九年の時にそれが評判になっていましたね」

「それでね、すぐに、ＪＢＪＳ（Journal of Bone and Joint Surgery）に書かないかと編集部からきてね。その会議の時に、僕の発表する下原稿を読んで、アメリカのシナールか誰かが、非常にいい内容だからというわけで、発表する前に原稿を打ち直してくれてね。それから、ＪＢＪＳに載せるということで、もっと詳しく書いて寄こせとなった」

「ええ、ずいぶん長い論文で、読むのに一苦労しました」

「そしてね、ほんとに充分書いた。当時のＪＢＪＳのトップに出たでしょう。あれが、世界中で読まれた。あの当時は脚延長で失敗が多かった。慎重で安全な手術として評価されたんだね。それで世界的な反響があって、あの当時、日本人の論文でＪＢＪＳにあれだけ出たというのは、あまりなかったでしょう。僕の前に一人か二人というところかな。あれからCampbellの手術書にも紹介されることにもなって。そのうちにアメリカの専門医の募集コースで、デトロイトで、これを見たら一九七四年となってるね、五十七歳の時だね。その時に講師として招聘されて、international のコースね」

「五十七歳ですね。それでは、今の僕と同じ年ですね」

「そうなるかな。そしてその時に、世界の一流の連中がね。アジアから僕だけね。あれは一週間くらいホテルに缶詰になってね。聴講生も講師も缶詰で、朝から夜中まで勉強するね。あれで、三回くらい講義してね。その時に、Dome osteotomy をやってね、それがまた有名になって」

「その時にまで、Dome osteotomy は論文になさっていたのですか」

「それは非常に早く、うーんと早く」

「そうですか」

「戦後、昭和二十六年くらいには」

「先生がチーフになって、少し経た頃にはもうやられていたのですか」

「今の切り方とは違ったけれど、最初から山型に切っていたからね。あの時 Chiary は、まっすぐ切っているのね。あれ、いまずるいよね。いま山型に切ってるような顔してるけど、そうじゃないんだよ。ドイツのミュンヘンのマックス・ランゲが書いた本にあるけど一九六二年かな、ドイツの整形外科学会で彼と十五分か二十分くらい論争したけど、その時は、彼はまっすぐ切っていたけど、僕は山型に切ってて、そのアプローチが問題となってね」

「Chiary との論争があったのですね」

「そう。大論争でね。Sliding becken osteotomy ね。あれは整形外科と南光堂から出している雑誌にレポートで書いてあります。ドイツのマックス・ランゲに招待されて、その学会で、Chiary はまっすぐでしょう（骨盤をまっすぐに切っていく）、僕は最初からドームでしょう（弧を描くようにして切る）、アプローチが違うでしょう。そこでね二十分近い論争になってね。そのうちに Chiary の方がドーム型に曲げてきている。五〜十年後に私のアプローチを利用するようになってきた。僕は最初から曲げている。その論争があったことをちゃんと書いてありますからね。僕のドーム osteotomy を日本の整形外科医はみなやっているでしょう。Chiary も書いているでしょう。そうじゃなくて、Tachijyan も Dome osteotomy といっているので、それだから、みな言っているのでね。古い話だし、その手術はもうやらなくなっているから、もういいんだけどね。手術に関しては、そこにある Chiary と Tachijyan が書いている赤い本があるでしょう」

「この Pediatrics という本ですか」

「そう、その全四巻の第二巻ね」

「見させていただきます」私はページをめくった。

「書いていますね。Kawamura's dome shaped medial displacement, inominate osteotomy, Trans trachanteric approach ですね」

「テクニックも書いてあるでしょう。そこに何枚かに絵があるでしょう」

「ええ、手術内容も書いていますね」

「僕は、整形外科でしたけど、切るのが恐い人間で、こういう手術をやる人を見ると、いつも、それだけで頭が下がるんです。ましてや新しい手術を生み出すというのはね、大変なことですからね。新しいことを生み出したり、考えたりするには独特の発想がないとだめなんですね。センスといいますか。それを感じるんですよ。先生の前でこんなことを言うと失礼になるのですが」

奥さん「だから詩を書くことと矛盾しないというんでしょうね」

「ああ、そうですか、なるほどね」

「詩について僕がいつも言っているのは、誰もが思いもしなかった方法でいいアイデアで誰もが書かなかったテクニックで書くものが新しい詩だね。その点では自分に厳しくないとね」

「そうですか」

「それでね、いつも一作ごとにそういうものを書きたいと思っているね。医学論文にしても同じだね。他の人がやったことをやっても価値がないでしょう。詩や他のものでも同じだね。だから厳しいんだよね」

「その気持ち、よく分かります。僕がこんなことを言うのはおこがましいのですが、僕も何冊か書いているでしょう。同じものだったら、何か恥ずかしいんですね。他の人からみたら似たようなものかもしれませんが、同じものだとどうも書くのがはばかれるんですね」

「それはまともだよね」

「真似したみたいに思われてしまうんですね」

「ほんとに、自分自身が恥ずかしいなという気持ちになるんですね。ですから、どこかで『違った視点でまとめているんです』ということでのぞみたいという気持ちはありますね」

「医学者の論文でもそうですよ」

「ええ、そう思います。僕もリハビリの論文、それなりにありますが、同じもの書けないですね。詩においてもそうなんですね」

「そうなんだね。僕の詩なんか真似られている。真似られているよ。ひどいもんだよね」

「ところで、岡本君はいま何か新しいことをしているのかい」

「ええ、さきほど、お話しした日本人の障がいの受け止め方、それを研究しています。いずれ一冊の本にしたいと思っているのですが」

「そうしなさい。楽しみにしているよ」

「はい。話は戻りますが、キアリーとの論争は、先生がおいくつの時ですか」

「まだ、若かったね」

「アメリカに行く前ですか」

「もちろん、アメリカに行くずっと前。札幌に赴任して二〜三年して」

「先生、失礼ですが、英語がよく通じましたね」

「それは通じる。ドイツ語でやったかもしれない。その時代はドイツ語でやっていたね。アメリカで英語でやった時も、ちゃんと通じたよ。そんなひどい英語でないからね。そこで今言った二度目の発表したでしょう。もう一回サンフランシスコでやった時も呼ばれて、その時はY君が一緒に行ったんだよ。O君もいたかなあ。僕が海外で講演する時、メキシコのSICOTの時はT君が初めて聞いてくれて、後は、リオデジャネイロの時は、学会の特別講演だったけど、その時は誰も聞いてなかったのではないかな。よその教室だと、教授が講演するとなったら十人くらい付いてくるけど。ともかく、サンフランシスコで三回もやったから、僕しかいないというわけではないということで、その次から、順天堂大学のY君を紹介したんだね。あとは、股関節脱臼の保存療法とか、股関節脱臼の手術だとか、あったけど」

ＪＢＪＳ＝Journal of Bone and Joint Surgery の略。整形外科学の国際雑誌。非常に権威のある雑誌。

ＳＩＣＯＴ＝整形外科の国際組織。国際レベルでの整形外科や外傷学の進歩に貢献する人々の団体。整形外科の国際学会もこの名で言われている。

九、創造するということ

「先生は常に新しいものを求めていきますから、常に新しいものに気が付くといいますか、そしてそれをものにしていくという、そういう力はどこから湧いてくるのですか」

「気持ちの問題でしょうね。それだけでしょうね。だけどね、この頃になって体力もなくなってきたね。ただ、時代には遅れないようにというか、いろいろと興味があるから結果的には遅れないことになっているのだと思うけど、世の中の動きというか、近未来をみる、そういう習慣がずっとあったから、先の見通しのないような仕事はしない。これはしかし、外科医というのはみなそうじゃないですか。例えば、手術をするようなときに、結果があるところまで見えない限り、メスをとらないでしょう。確実に一つのコース、成果、そういうものを見て仕事をしているわけだし、それがあるから、手術で難しい場面にぶつかった時に、技術的に乗り越えなきゃいけないか、あるいは退却するか、そういう場面にしょっちゅうつき合っているわけでしょう。あの乗り越える時に全身の能力をふり絞って緊張した瞬間という、岡本君なんかも経験していると思うけど」

「はい、その充実感といいますか」

「そう、そういう喜びね。ああいうことがあるから、その場合でも、一つの組織が生み出す効果とか未来にもたらすものね、そういったものを日常体験しながらやっているわけでしょう。それが、習慣になっているということではないだろうか。そういう点からすると、経済の分野を見ても、一流の銀行家や金融だけにしても、実業をやっている人が、見通しのないまま仕事をするなんて理解できないね」

「日本の経済も、どん底ですからね」

「望見をやらなければね。いま、一番、望見の問題だと思うのは、自分だけよければいいという、他のものがぶっ潰れても自分だけがよければいい。言ってみれば、anti・humanisticというか、ああいう考え方が、自由競争そのものを毒していくというかね。その存在理由を否定するでしょう。自由経済、自由競争の原理そのものを破壊していくものではないかと思うね」

「良識ある発展をしてもらわなければ困りますね」

「そうねえ、そんなことで、薬の話になるけど、いい薬が考え出されるのはいいのだけれども、そうなると、次から次へと似たような薬が出されて、過当競争で潰れるでしょう。パチンコ屋だってそういうところがあるでしょう。ボウリング場なんか、まさにそれでしょう」

「先生は、いろいろと気がつくんですね。習慣というか、性格というか。そういうことをしなければ、満足できないというか」

「ねえ、ほんとう、そういうものがあるかもしれないね」

「僕らでも、仕事が一段落して、黙っていると、なんとなく寂しい気持ちになってきますけど、しかし、だからといって、次のものをなかなか準備できないんですね。先生の場合には、次から次へといろんなことが浮かんできて、それをやりあげるといいますか、詩にしても、医学的なことにしても、音楽にしてもそうですね。ここに来る前にインターネットで、先生のお仕事を見てきたんですが、百六十くらい載っていました。虹と雪のバラードが随分と各地で演奏されているんですね」

「まだ続いているんだね」

「先生の文学への感性といいますか、以前、詩人よりも小説家になろうと思っていたとか、そういうことをお聞きしたことがあります。それから、いつも驚くことがあるんですが、先生のエッセイとか詩集を見ましても、言葉の選択といいますか、出てくる言葉のすばらしさに感嘆しています。それがまた的確なんですね。先生は、私はプロだよとおっしゃっていたことがありましたが、子どもの頃の読書が今にも影響しているというか、その頃に築いたものが大きかったのでしょうか」

「小説と詩だとかなり違うしね。詩の中でも僕の詩は、どちらかというと意味を非常に重視している詩だから、昔のジャンルでいうと散文に近い詩でしょうね。それでも、感じ方が面白いところで、その人しか考えないようなところがね、そこが面白いところで。一般的に表現法というと、才能もあるだろうし、自分で説明するとなると難しいね」

「新しいことに気がついて何かをするということは、感性なんですね。そうして理論づけして具体化していきますね。優秀な人は、とにかく、気が付いてやりとげるんですね。いつもそれが不思議ですね」

十、大学紛争——新しい提案

「それについて思うことは、大学紛争の時に、W先生、N先生、H先生、僕と四人で学生側に提出する教授会の案の骨子を作ってね。それには、複数の教授を置き、一人を主任教授とすべきだと。あの時にそれをやっていたらと思うと、非常に残念でね」

「なるほど、複数の教授ですね」

「教授と助教授と並べれば、力が同じようにみえようとも、職制の上では、一方が上だから、助教授はどうにもならない。主任教授制にして、教授を何人かにして、後は、任期を決めて交代していけばいいわけだから」

「というと、主任教授でない方の教授の交代ですか」

「でもいいし、三人いるとすれば、主任教授も毎回交代することもできるわけでね。ただ、継続することはかまわないけど」

「なるほどね、大胆な発想ですね」

「そういうふうにして片方の教授が下にならないようにして、研究のテーマを選んだり、予算に差がつかないようにしてね。それから、みんな学位をとるために基礎の方に勉強に行っているでしょう。難しい研究の技術を使うところまでいって、研究が終わったら、二度と一生使うことがない。あんな無駄なことはない。だから、各教室にテクニシャンを置いて、医者はドイツがやっているようにアイデアを出して、臨床のことを接点で研究を進めていく。その間、臨床から離れる必要はない。むしろ、臨床に生かされるような研究をする」

「そう思います」

「教室にテクニシャンをひとり置けと。それまで含めて回答したんだよ」

「それも全然で、教授会の出す案なんか相手にできるかと、いきなり蹴飛ばして、学生だけでなく、教師会も講師会もみな蹴飛ばして、馬鹿じゃないかと」

「あの大学紛争の時ですね、一九六九年の」

「そう、大学紛争の時。あの大紛争、何にも得るところがない。僕らも大変な反省の機会だと受け止めた。そこで、改革すべきところは改革するいい機会だというふうに、少なくともわれわれ四〜五人の教授は思っていたわけだよ。それが、全然ね。紛争が終わったら、なーんの教訓も残らなかった。かえって前よりも悪くなった。あれこそ、札幌医大の汚点だよ」

「当時も良識ある学生は多くいたと思いますが、教授会を権力の手先とみていたグループもあったようですね」

「権力というところから、その考え方が違うね。その発想がね」

「そうなりますと、どんな案を持っていっても、妥協は生まれないことになりますね。教授会は権力を使って学生を弾圧する組織ではないですからね」

「まったく、我々の良識を認めない思想には僕らみたいにあちこち渡り歩いている者からみると、ほんとうにがっかりしてしまうね。惜しいことをしたね」

「先生も何らかの改革が必要だと考えておられて、それができなかったことの残念さ、無念さがあるんですね」

「それはそうですよ。それを言ったら、きりがないくらいですよ。例えば、一部のあんまり好ましからない教授、そういっちゃあ、いろいろあるけど。かえってそれをいろんな人がやるようになったというだけのことで、むしろ悪くなっている。出張なんかの禁止は、格好はいいけど、教授は技術だけ教えていればよい。そうかといって、出張先でいろんな問題が起きたりするとね。そうもいかなくなって。何でも言いたくなるから、ここらへんでやめとくよ」

十一、日本人のこころ

「岡本君は最近、どんな仕事をしているの？」

「それについては、医歯薬出版で出されている総合ケアという月刊誌があるんですが、それに連載しているものがあります。リハビリの医療に携わってきて、日本人のこころというものが、欧米とは違うのではないかという感じを受けまして、向こうのものをそのまま受け入れて説明してもいいのかと、疑問を持ちまして、いろんな視点から勉強してみました」

「ああ、そう」

「そこでアンケート調査をして分かったのですが、日本人というのは、欧米人と異なり、言葉ではっきりとものを言うのではなく、こころに秘めといて、自分の辛さをあまり表現しない、そういうものがあって、それを僕らが聞き取れないものですから、患者さんのこころを知らないまま過ごしてしまっているのではないかと考えられるのです」

「そう。日本人と欧米人の考え方の違いをね」

「ええ、日本人には、日本人独特のものの見方、考え方があるようなんです。それを、連載して書いているんです。日本の農耕文化、外国との交流が少なかったこととか、自我の形成の問題だとかですね。日本には仏教や儒教の影響もありますし、日本語はあいまいだといいますが、奥が深いんですね。また、他人を思いやる気持ちとか、心底感動する「もののあわれ」とか、そういうもののすばらしいものがあるんですね」

十二、歩けないのは麻痺しているからではない よい方の足の力が落ちているから

「よく考えられたね。他にもあるの」

「ええ、気になっていたことを、書いているだけですが。四、五、六月号はお年寄りのことについて書いています。四月号については、リハビリでは麻痺の方にばかり目が向いていますが、私の調べたところでは、脳卒中ではよい方の足の力が落ちているために、歩けなくなっているということを書いています」

「ああ、なるほどね」

「麻痺しているからではないんです。よい方の下肢の力が落ちているために歩けなくなる

のですね。麻痺だけでは歩けるんです。ところが、みんな麻痺の方にだけ目が向いてしまって、麻痺の方ばかり訓練して、よい方の足を鍛えるということが眼中にないのですね」

「うーん、なるほどね」

「実際、リハビリ病院でも訓練する時間は限られています。療法室から病室に戻れば座ったままか、ベッドに横になったりしていますから、筋力低下を起こしてしまいます。実際に、調査しましたら、よい方の足の力は、歩行能力、転倒、痴呆、せん妄、排尿障がい、嚥下障がいなどにも影響し、密接不可分なんですね。こういうデータが出てきましてね。麻痺しているほうは、歩行能力、排尿障がいにしか影響してないんですね。信じられないようなデータなんですが」

「うーん、うーん」

「それを今度の全国学会で発表の予定でいるんですが」

「なるほどね。非常にいい着眼点だね」

「ですから、みんな、麻痺しているからだと考えていたのが、そうじゃないんだということなんですね」

奥さん「麻痺側ばかりでなく、よい方が大事なんだと」

「ええ、そうなんです。最近、いろんなところで書いたりする時に、歩けないのは麻痺しているから、それは△にして、よいほうの足の力が低下しているから、それには◎にした設問式で強調するようにして紹介しているのです」

先生夫婦とも笑いながら聞いている。

「両方の影響があるんですが、そうでもしないと、なかなか分かってもらえないかと思って」

「うーん」

「積極的な運動といいますか、体力が落ちないようにすることがとても大事なんですね」

奥さん「元気なお年寄りには特徴があるのですか」

「適度に運動しているということと、生きがいを持って生きていますね。他に、お年寄りを優しく受け止めるこころがまわりにあるかないかが大きいと思いますね。家族の受け入れによって、お年寄りの知的能力にも影響しますね。受け入れが良くなっただけで、改善するお年寄りも少なからずみられますね」

十三、人類の知恵　高齢者、障がい者を大切にしてきた歴史

「それから、雑誌に紹介したものなんですが、いろいろな日本の遺跡から、寝たきりが長

かったと思われるお年寄りの骨が発掘されるんですね。足の骨が細くなっていますから、細くなるということは体重をかけないで長い間寝たきりであったということを意味するんですね。そういうことは、縄文、弥生時代に高齢者が大事にされていた、またそういう人と長い間、一緒に生活していたということを示しているんですね。それから、水頭症といって、頭の骨が大きくならないで、髄液の流れが悪くなるために、脳の発達が阻害されて知的発達が遅れますね。その子が二十歳過ぎまで生きているんですね。そういう骨が見つかるんですね。ですから、縄文、弥生時代は食えなかったけれども、お年寄りも障がいのある子どもたちも、とても大事にされていたということがわかるんですね」

「大事にされていたんですか」

「そうなんです。発掘されてくるんですね」

「ふーん」

「それから、今はやりのエジプトのミイラ、それには背中が曲がったミイラや対麻痺になったと思われるミイラが見られるとか、それから「セネブの家族像」といって、セネブは小人で、ふつうの奥さんと子ども二人と一緒の像なんです。いまから四六〇〇年前の花崗岩でできた像なんですが、セネブは、王族の衣装係の責任者だったんですね。文書（もんじょ）に書かれているんですね」

「ふーん」

「だから、障がいのある人も健常者もみんな一緒に生活していたんですね。そういうものがどんどん見つかってくるんですね。考古学者が、そのことを強調するんですね。今の時代を考えて、そこから学ばなければならないと」

「いつごろからでしょうね。障がい者に対して差別が生まれたのは」

「その時期を、いつからと断定するのは難しいと思いますが、おそらく貧富の差が生じたことと関連しているのではないかと思います。ただ仏教もキリスト教もお年寄りをすごく大事にしていますね」

「うーん」

「ですから、ほんものの宗教はそういうところにもきちんと目がいっているんですね」

「いま起こっている同時多発テロのイスラム原理主義だって、人を大事にしなければならないのではないですか」

「イスラム教はもともと、そんなことをする宗教じゃないと聞いていましたよ。同時多発テロをおこしたイスラム原理主義は、そこからはみ出した者たちがやっていると聞きましたが。十字軍の時代にはイスラム教はキリスト教よりもはるかに寛容だったと、ものの本には書いてました。十字軍は随分とひどいことをしたようですね」

奥さん「イスラム教はキリスト教よりも古いの？」
「いえいえ、それはキリスト教よりもずっと後です。たしか、六〜七世紀にかけてだったと思います。マホメットが創始したものですね。四十歳の頃に天からアラーの言葉を聞き、それを人々に説いたということですね」
教授「みんなユダヤ教から分かれていったものだよ」
「そうですね」
教授「だから旧約聖書は一緒だよ。新約聖書はキリストの弟子が説いたものだよ。キリストまではユダヤ教の系列だね。マホメットの教えは、コーランにまとめられたんだね」
奥さん「先生、それで先ほどの続きですが、その後も年寄りは大事にされていたのですか」
「ええ、平安時代の法令の注釈集に「令義解」（りょうのぎげ）というのがあります。それによると、八十歳の人や重い病の人に、国が世話する人を一人つけたと言われています。九十歳では二人つけているんです。百歳では五人つけたといいます。当時、八十〜百歳まで生きた人は少なかったと思われますが、この生産力の低い時代に、お年寄りや病人を大事にする思想が息づいていたことは驚きですね。僕はこれらの書物に触れた時は、感動しましたね」
奥さん「でもすごいですね。その時代に八十、九十まで生きるということはすごいですね」

「そうですね」

奥さん「だって、戦国時代、人生わずか五十年といって、織田信長が踊ったんでしょう。すごいですよね。八十、九十までなんて」

「そうですね。江戸時代は子どもたちの死亡を除けば、平均寿命は六十八歳くらいだったということですね。平安時代は四十〜五十歳くらいだったでしょうかね。喜寿（七十七）、傘寿（八十）、米寿（八十八）、卒寿（九十）、白寿（九十九）などもお年寄りを大事にする言葉なんですね。昔は、大老とか、長老とか、そうやってお年寄りを大事にする流れはあったんですね。それから目の不自由な人たちは江戸時代には幕府が支えていたんですね」

奥さん「塙保己一がいましたね」

「そうですね。それで、このようなことが分かってから、何とか筆にして残したいと思ってまとめていたんです」

「そうですか」

「人生を経てきた人たちというのは、それなりにいろんな知恵があるんですね。ですからそこから学ぶという姿勢が大切ではないでしょうか。そのことを看護師たちにも言っているんです。ある看護師は痴呆の患者さんと話していて、その患者さんはけっこう、いいことを言うんですね。それで尊敬しなければならないといっていましたね」

十四、戦中、戦後のこと

「次に、先生の人生についてお聞きしたいのですが」

「また、昔の話をすると、楽しかったことが多いというか、自慢の種になるような話が出てくるからね、かえって聞き苦しいと思ってね。言わなかったりするんだけどね」

「いえいえ、決してそんなことはありません」

「だんだん年をとってくると、自分の一生を何らかの形でまとめてみようとする気持ちがだれにでも起こるので、このごろは自分史を出版するのが大変な勢いで増えてきているね。自分史を含めて他の人の書く伝記はいろいろあるけど、伝記作家が書くものや、あるいは小説家が書く伝記小説、そういったものがあるけど、伝記ものの流れというのは、どちらかというと、非凡な能力とか、いいことやいい性格を取り上げて、礼賛するような口調になるけど、文学的になればなるほど、礼賛するよりも欠点を取り上げる。そして告発するように突っ込んでいって、人間性の中のいいものと悪いものを掘り下げていって、文学的になってくるわけでしょう。僕らのように文学の中で暮らしていると、歳をとってくると、そのようなことを書いたり、書かれたりするのに慣れてくる。普通になってくるんだね。自分の場合では、『河邨先生のいいところはこうだ、ああだ』とか言われると、始めのうちは照れくさく、かえって、こころ苦しいだけでなく、迷惑だとね。気が小さいと、そう思ったりするのだけれど、しかし、人間といったものは、人から誉められて不愉快だということはあまりないはずでね。誉められて嬉しくないということはね。案外かえって気取りかもしれない。そういったことはあるね。若い時はそれがいやらしい。年をとってくると、疲れてくるから、誉められてこの年になっているのだからいいやと、そのへんのところに甘えてもいいかなとこの頃思うことがあるね。そういう点からみると、この間、ある文学の集まりでね、僕が北大の学生だった頃を知っている人が何人かいてね、ある文学館の館長が、戦後、北大新聞の手伝いをして、戦争中の新聞に河邨文一郎という名前が『出てきすぎて、驚いた』と、というふうに言ったけどね。僕もああ、そうだったのかと思って」

「先生は新聞部だったんですか」

「いや、考えてみたら、僕は新聞部ではないんだけど、文芸部だったけど、文芸部で予算をもらって、年二〜三回発行していたけど。どういう情勢であったかというと、戦争前夜で戦前の自由主義が末期現象で、徐々に好戦的になりつつあるというか、いってみれば軍国主義的なのね。それが非常に強い時代で、それに対して反発する勢力、左翼の動きがあってね。とりわけ日本は非常に貧しかったから、この間、NHKのおしんという番組があったけど、とくに東北の農村あたりは貧しくて、青田売りとか、娘たちを岡谷の製糸工場、紡績工場に早くから売るとか。あるいは遊廓に売るとかね。そういったことが日常茶飯事だった。その当時、農村の疲弊や貧困を土台にした左翼運動の起こり、それが農民から起こらないでインテリがそれを指導したということね。そういう動きがあるわけだけれど、大学の中でも当然、そういう動きが出てくるけど、体制的なものやそれに反発するグループや後はノンポリといったグループがあって、これはどちらかというと、最後の自由主義といったものにとりすがって反発している、そういう時代だったかもしれない。

一部の学生ははっきりした立場をとっていて、北大予科の雑誌部か桜星会という雑誌部にかたまっていたかな。それから、僕らみたいなのは中間的で、それは北大文芸部で、後の連中はみな組織されないでいたと思うね。一部は講演部で、それはどちらかというと右翼的だった。なんとなく色分けされていたね」

「雑誌部や文芸部の人たちは多くなかったのではないですか」

「そうだね、多くないね。右翼のほうもそれほどはっきりしていなかった。その当時はね。僕は、小説を書いてね。藤大学の先生が僕をスカウトしてくれたね。いま、思いだすとね」

「スカウトするとなると、旧制中学の時に認められていたのですか」

「そうではなくて、U先生が北大予科の国文学の教授だった頃、ある授業の時に、どういうわけで昔はスカウトしたのかね、北大予科の桜星会に書いてあった詩だったと思うが、何かとにかく僕の書いたものをご覧になって、文壇に入らないかと言われてね。もっともその予科に入る前に、小樽潮陵高校、昔は小樽中学ね、その時に同人雑誌を出してね」

「先生は早熟だったんですね」

　教授は笑ってお話しを続けた。

「それを組織してね。我々だけで。あれはおかしいね。誰かがつくろうと言ったのではなく、自分たちが言い出してつくったんだから。その雑誌を出してね」

「その頃、先生の書かれたものは、現存しているのですか」

「あるでしょうね。この間の展覧会の時に、音楽会の時に作曲して歌ったあれだけど、去年の十一月に。チョコレートベタベタという」

奥さん「この詩を出すのに二階にあがって、上が書庫なんですけど、これを出すのにかなりのものを引っ張り出したんですけどね。この文学展が終わってから、見つかったものがあるんですけど、それが子どもの時、小学生の時のものですか」

　教授の方を見て
「このくらいの大きさで本を作っているんですよ」

「いくつぐらいの時ですか」
奥さん「やー、小学生じゃない」
教授「中学生でないか」
奥さん「中学生の字ではないわ。いやー、小学生だと思うけど」
教授「それで、ちゃんと綴じてね。鉛筆で描いたものね」
奥さん「絵を漫画みたいに書いてね。編集者が誰とか。お姉さんの名前もね。河邨光子だとか。すごいんですよ。チャンバラの場面とか、発行者が河邨文一郎とかね。その本が、何冊か出てきたんですよ。子どもの時から何かいろんなことをやっていたんですね」
「それで、思いだした。整肢学院、今の肢体不自由児施設ね。学校教育法に基づく、正規の授業が行われるように琴似の中学校、小学校の分教室として政府の教員を派遣するというかたちにして、学級を持った病院にするということにしたんでね。日本でも非常に古くて、一番古いのが、東京で先輩の高木先生がおやりになった光明学園、後の整肢療護園で、我々のは二番目で。ただ、東京でそれがやられていたということは知らなかったことで、とにかくこちら独自で考えていってたんだね。

医者は医者に使われる。日本はどこに行っても院長は医者でね、外国みたいに病院管理学を修めた人が院長になるとか、事務員が院長になるとか、学校でもそうでしょう、校長は必ず教員でしょう。教員が医者に使われるということはないわけでしょう。教員が医者に使われるということで、教員の間で大変な不満が出たわけで、院長の自由自在にやられるというわけで。そこで、院長に校長になってもらったらどうかという話が出て、僕の履歴を見たら、残念なことに小学校の教員だけにはなれない。大学ではなれるのだけど。その時門外不出という通信簿を学校全部、調べてた」

奥さん「通信簿を取り寄せたのですか？」

教授「うん、取り寄せて、その時小学校一年で小学校四年生の知能がありと書かれていてね」

私「先生の子どもの頃のですか」

「うん、それを見て、自分ながらオー案外やっているわいと」

「それは、すごいですね」

「あと、小樽中学の時に、その当時の旧制高校の模擬試験で、三年生の時だったかな、全国で一番だったんじゃないかな」

「三年生だけで」

「三年、四年含めてね」

「潮陵ですからね、有名ですよね。優れた人が多数輩出していますよね」

「勉強しない学校だったから。種目が英数国漢だけだったから。体操だとか、修身などが入ると何番か下がるけど。そんなこともあったりして」

「最初から、変な話だけど、死んだ母が、赤門のあたりの小石川生まれで、どうしても僕を赤門に入れたいと、僕が一歳数カ月の時に死んでしまったけれど、僕の親類の連中は、みんな割によくできて、一高東大と進んだけどね。僕も当然、行くもんだと思っていたんだけど、北大予科の試験を受ける時に身体を悪くして（肺結核となる）、中学校三年の時は、三分の二ぐらいしか出席できず、四年の時もかろうじて合わせるということで、身体が悪いから東京は無理じゃないかということで、試しに北大予科を受けてみるかということで」

「その時はＴＢ（肺結核）だったのですか」

「いわゆる肋膜炎だから、ＴＢでしょう」

「しかし、それが身体が少し良くなってきて、それで試しに一遍受けてみようということで、とにかく学校に入って、十八倍くらいだったかな。家中、発表の日を忘れていて」

「お姉さんも来て言うのね。発表の日を忘れていたって」

「近所の人が教えてくれて、ああそうかと思ってね」

「先生は試験の終わった後に、ああ楽なもんだと思ったのではないですか」

「そういっちゃあ悪いけどね、そうなんだよね。うちの親父がたまに勉強を見てやろうかなという話になったことがあるんだけど、親父の suggestion で一学期の夏休み前にみんな教科書は読んでしまったから、夏休みから読むのがなくなるから、副読本とかそれ以外のものをたくさん読んで、漢文だと史記とか十八史略とか読んでね、わりかし余裕があってね、たいして勉強もしなかったけどね。そんなことで同人雑誌などを出して」

「余裕があったんですね」

十五、軍国主義の時代

「そんなことで、北大予科に入って、それから北大文芸部に入って、そこでだんだん国が軍国主義になってきて、僕自身、夏休みになってくると少しずつ社会の不合理、不条理を考えるようになって、岡本君はよくわかると思うけど、一応コミュニズムに興味を持つでしょう。文芸部の中にも、そういう連中がいて、みな一緒になって盛んに議論になるわけだね。そういう連中はマルクスやほかの本をいろいろ読んでくるから議論に強いわけね」

「戦時中でもそういう本はかなり読めたんですか」

「まだ読めたね」

「昭和何年頃ですか」

「昭和九年、十年頃だね。日支事変が始まる直前の頃だね。僕らのグループで仲のいいのが三〜四人いてね。ものすごく勉強していて、プレハーノフ、プハーリン・イワノビッチの実行論まで、あのくらいまで非常に広く読んで、戦後の共産党員と理論闘争しても負けないつもりだよ。それはそれにしてね、もうひとつ大事なのは、反対派の意見も必ず読むと、御用学者のものもね」

「いま思い起こすと、先生は僕らが医者になった頃によく言っていましたね。反対派のものもよく読めと」

「自分がほかならない、主義に殉ずるのではなくて、自分の考えで死ぬのなら、牢屋に入るならまだわかる」

「他人の考えで牢屋に入るのなら、死んでも死にきれないということですね」

「それが、そうだろうかと考えたから、ちょっと変わっていたと思うけどね。ある意味で尊大だったかもしれない。鶏冠の存在かもしれない。偉い人がそこまで言われるんだから、それはもっともなことだと思う前に、果たしてそうだろうかと。例えば、軍国主義なんかでも、天皇陛下万歳でね、それでいいんだろうか。ずーっと先の歴史を読んでみると、いろんなことが歴史上にあるわけだね。今もみんな天皇陛下万歳ということになっているけど、昔もそうだったけど、果たしてそうなのかと。そうでないわけだからね。どういうわけでこうなんだというふうに深く考えれば、深く考えなくてもすぐ気がつくはずでしょう」

「しかし、あの時代に、気がついていない人が意外とたくさんいたんですね。教育されたわけですから」

「そう思うね。しかし僕は、ある意味では醒めていたね。諸外国の情報はほとんど入ってこないでしょう。一方的な情報しか入らないわけでしょう。それでもね、考えてみたらおかしい。例えば二・二六事件のような事件が起きて、その背景に何があるのか」

「そのようなことを考えられたんですか」

「考えましたよ。姉が東京の音楽学校に行っていて、東京でその事件にあって。時代背景は、足跡が残っていてそこに泥水がにじんでくるような、そのような感じね。じわりじわりと浸透してくる。二・二六事件に感じるね。そういうことがあったんで、反戦詩を書き出したけど。それでにらまれた」

奥さん「一週間くらい入ったんですか」

「十何日か入った」

笑いながら、私は「いい経験されましたね」と付け加えた。

「ねえ、何も自慢することではないけど。そうかといって鉄の闘士になるわけでもないし」

「先生は、拷問とかそのようなことはなかったのですか」

「全然、そういうことはないですよ」

「向こうはみな分かっているから。たいしたことはないと。」

「全部、調べあげられているから。まあだいたい、この程度の考え方であれば、ちょっと灸をすえてればいいというようなもので、幸い退学にもならないでね。戦後、昭和二十四年に処女詩集を出して、札幌での出版記念会にね、十数名が集まってね。当時の北大予科の先生がその会に出られてね、その時笑いながら、『前に河邨君が学生の時に、真冬の吹雪の中を狸小路の世界屋からの帰りで、陸橋を歩いて帰ったねと。あの時に河邨君が偏っていると、そんなことしていたらえらいことになるよ』と、『それで、河邨君がうんと言わない』ので、長い道を二人で、熱中して議論しながら歩いて帰ったことがあったね。僕のおかげかもしれないよ。もしそうでなかったら貧乏していたかもしれないよ。無事卒業して医者になれて、そして詩集なんかだして、思い出すね』と言って下さってね」

「そうですか」

「そういうことは忘れないんだよ。だから、この間大学紛争の時に学生に対して、そのような態度でつき合ったつもりなんだけど、受け入れられるようになってね。しかし、同僚の先生方で随分とやられた人もいたよ。僕は反対派の意見で小泉信三の本なども実によく読んでいますよ。唯物史観の根本的なものとして、階級闘争が歴史の発展のエナジー（エネルギー）と言ってますでしょ。階級がなくなると、マルクスが言っている階級なき社会の実現まで頑張ると言っているでしょう。それじゃ、階級なき社会になったら歴史はもはや進展しないのかということになるでしょ。根本的な命題だと思うんでね。これはハテナということにね」

十六、戦後の労働運動について

「それが終わりでなくて、そこからまた新しい社会が始まるということではないのですか」

「そう言えるかもしれない。しかし、そのように疑問に思うくらい、しっかり読んでいた。僕の詩集にも出てくるけれど、革命の歌に歌いほうけている日本の労働運動を批判した。僕は戦後の労働運動に入ったわけだけど、あの時にサンヂカリズム（ゼネストや直接行動で政府を倒し、生産の管理権を組合の手に握ることで搾取社会を廃止できる）も随分と勉強したんだよ、あの時若いから、二週間も勉強して本三十冊くらい読んだら、まあ、けっこう知識は、身につくからね。日本の労働運動は初めから革命運動なんだよ。共産党指導、それから社会党左派の指導でね。二・一ゼネストの時にも、徳田球一が鬼神のごとく、刑務所から出てきたばかりで、あちこちの単産に出かけ、熱弁をふるって、我々は断固として、ストライキができるかできないかで日本の将来がかかっていると」

「先生はお聞きになったのですか」

「聞いた。僕は中央闘争委員だったから。二・一ゼネストの時は、全逓で。僕は土橋文彦なんかとは友だちですよ。そうかといって、僕は一線を画していたから、土橋君が河邨さんは、お医者様だ、お医者様だからと、自分たちの仲間というには、ちょっと違うとね。いわゆるインテリゲンチャだからね。階級人じゃないわけだね。面白い話だけど、十五～十六年前にね。初めて中国に行った時、共産党の人たちに案内されて人民公社の中を歩いていてね」

「どういうことで中国に行かれたのですか」

「カーシンペック病の調査でね」

「十五～十六年前というと文化大革命の後で、相当悲惨な状態ではなかったですか」「そうそう、まだまだまだ、いまやっと自由化が始まったばかりだから、農村の自由化がね。その時に、一緒に生活をして分かったことはね、農民はプロレタリアートでないわけで、郵便局の局員はなにかというと、やはりプロレタリアートではない。インテレクチュアルなもので食っているのはプロレタリアートでない。そういうことが非常によく分かってね。当然なんだけど、コミュニズムの思想が存在している。そういう点では非常によく勉強になった。いずれにしても、そういうところを通ってきたので、人生のいろんな動き、政治力のバックアップがなければ強い力にならないし、そうかといって政治力が強くなりすぎるとヒューマニズムがなくなるし、やわでないヒューマニズムとは何かということをすごく考えている。いまでも考えていますよ。

政治力を使うということは、劇薬を使うようなもので、使いすぎると自分が参ってしまう。どういうふうに調合していくかに難しさがあるわけでしょ。ここまで言うのは初めてだね。ぶっちゃけて言うと、僕自身は文学の上では、僕のヒューマニズムなどとは言わないよ。僕を評論する人はヒューマニストだと言うよ。言うけれど、そんなえらい屈折のある、わけの分からないことをよく言うと言われる。わけの分からないのではなく複雑ということでね。実際そうですよ、屈折のないそんな簡単なヒューマニズムなんていうのは、ないんだよね。医療でもそうだけど、注射が痛いのと同じで、そういうところから、いろんな問題を考えていく、いますぐできないとしたら、その後何年かけて準備するかなどと考えてゆく。そうふうに考えていかないと、今日ということをネグレクトしていくということになる。

それをしっかりやっておかないと何事も実現しない。みなそういうところから学んできているんですよ。幸い戦争で死ななかったからね」

「先生は病気があったから、行かなくて済んだんですか」

「そうなんだよ」

「同級生で亡くなられた方は多いんですか」

「昨日も家内と一緒にテレビでミッドウェイの海戦を見たんだけど、あの時も同級生の二人が死んでいる。大変だったよ。結婚してすぐに、未亡人をつくるために行くようなもんで。その未亡人が自決したんだよね。夫が死んだのに妻がどうして生きていられるかといってね。可愛そうに。そういうような非人間的な時代だったということだね」

「そうですか」

「何とも言えないね」

「私の長兄も昨年亡くなりましたが、予科連で土浦の海軍航空隊で。そこで終戦を迎えて」

「そう、それは大変だったねえ」

「兄弟で一番優秀だったんですが、戦後で十分勉強できなくて、しばらく、進駐軍にいて、英語の通訳の試験を受けないかと言われたくらいで。予科連では英語を教えていたんですね」

「国民には英語は敵国の言葉だということで、徹底して教えなかったのですが、予科連、これは海軍ですが、ここでは教えていたので、終戦後も英語は使えたんですね。ところが、戦後の時代ですからね活動家になってしまったんですね」

「そうー。やっぱりそう」

「どうして、米軍の通訳をやめたの」

「私の推測ですが、土浦の海軍航空隊（予科連）がB29による米軍の爆撃にあった時、親友の十五歳の少年兵が頭蓋骨を割られ、死に際に「岡本、仇をうってくれ」と言って死んだんですね。兄は「分かった」と、答えたと言うことです。それで、米軍のもとで働くにしのびなかったのではないでしょうか。当時、チョコレートや缶詰とか、いろいろもらってきていたようでしたけど」

「大学には行かなかったの」

「戦後で、家は樺太ですから、そこには戻れなかったんですね。京都、金沢には親戚がいて、そこを頼って予科連でもらった資金で大学に行こうとしたのですが、戦後ですから、食わせられないということで、行けなかったのです。ほんとに本の虫でしたけど」

「ところで、活動家というとなんの」

「共産党です」

「どうして」

「やはり、戦争ということに矛盾を感じたんだと思います。戦友の少年兵に死に際に言われたことを考え、模索しているうちに、平和の国にするということが彼に応えることだという結論になったのではないかと思うのですが。以前、兄の書いた手記を見た時、そのようなことが書いてありました。それでその道を選択したのではないかと」

「それで君は民生か」

「兄弟の血が流れているのかもしれませんね」

「お父さんは？」

「父は亡くなりましたが、地域では有名な自民党で、オート三輪車が出た時に、いち早くそれに国会議員を乗せて、後志地区をマイクを使って遊説に走り回っていました。よく自慢していたのは覚えています。親子して政治に興味があったのかもしれません」

「若い時に共産主義に興味を持たないようなやつはだめだよ。変なダンスなんかして、女の後ばっかり追っていては。僕はダンスが大好きだから、おおいにやった方がいいとは思うけど、それだけじゃね。一番大事なことは、社会に問題を感じることだよ」

「僕らの時代は、教養書としてそれくらいのことは、知っておかないと、何か恥ずかしいね」
という気持ちがありました。今の若い世代にはそのようなことはないか、少ないようです

「それが、残念だね」

「先生は先生自身屈折しているとお話しされましたが、そういっても先生には温かさがあります。抱擁力があるんですね。だから安心感があります。安心して、近づけるんですね。

また、少年のような気持ちもあるでしょう」

奥さん「ぼっちゃん、ぼっちゃんのね」

教授は笑っている。

「先生には、温かさと少年らしい気持ちが、そのようなものが根底にあるように思うんです」

「僕は、そうありたいと思っているね。だけど、過去を振り返ってみると、いろんなことがあったね。考えてみたら。戦後なんか、二・一ゼネストのことを書いておくと面白いなと思うね。大変な労働運動だったから。何らかの形でゼネストはないだろう、起こらないだろうと思ったね。あのまま突っ込んだら、大変な騒ぎになった。刑務所で待っていたからね。そういうことが分かっていたし、アメリカだって労働対策がうまくいっていないということを世界に宣言するようなものだし。いずれにしても大変だったね。自分が体験し

たということは非常によかった。もうひとつ、病院なんかの職場から選抜されてきている連中がいるわけでしょう。もし闘争に負けたら、首になるのでしょうか。家族はどうしますかね。僕は、その時、ハッと思ったんだ。我々は進め進めと簡単に言うけれど、僕自身は医者以外に自分の道はないから、それならば政界に打って出るということもあるかもしれないけど、それは絶対いやだけど、いよいよとなればそうでもならなければ、食えないだろうと。この人たちはどうなるのだろう。鉄の闘士の野心、それはいいだろう。そうでない人たちの一生の問題、家族の問題、みんなそれを背負ってアジっているのだということを理解しなければならない。そういう人たちの人生を分かちあうということを考えたら、めったなことはできない。そういうふうに思ってね。それから「アジ」ということに非常に慎重になった。その後、札医大に赴任してきてまもなく、十勝日勝線か狩勝峠で鉄道ストライキがあり、演説している人が断固としてやるべきだ、激しい口調で言うのを聞いた時、これではだめだと思った」

「先生はストライキを打つ人の、その後の生活の問題があるからだと考えたのですね」

「そう、そこまでいったらね。何のために闘っていたか分からなくなるからね。ストライキは玉砕的な闘争のしかたでね、戦争中の日本軍の戦法なんであってね。新しい闘いの方法ではない。だから、エンゲルスも教えているように、革命というのは、生産力と生産関係の矛盾があって、そこから生まれるわけでしょう。それから、客観的な情勢が十分に熟して、初めて勝つ瞬間が起きて、革命が起きてくるということでしょう。

それがはっきりとしたテーゼとして言われているくらい、明白なテーゼであるんだね。そこにもいろんな先覚的な動きがあるんだよ。キリスト教でも予言者が現れて、それがみんな悲惨な最後をとげて、そのうちに、徐々に徐々に理解されて、客観的な情勢が熟していって、国民のものになるわけだけれど。いきなり、そういうふうになるものではないということは分かっていることだけど、しかし、あえて、そこまで言いながら、考えていくのでなければ、新しい展望のある方針というものはできてこない。あんまり、革命主義になりすぎると、むちゃくちゃで、それが、ソ連に奉仕する革命方式で、あまりにも明らかとなって、こちらはそれから完全に離れていくことになるわけだね。それからずっと先になってくると、四全共だとかソ連の問題だとか、いろんな情報が入ってくるわけでね。いずれにしても人を指導するということは、その人たちの生活も全部保障するということだから、僕らでも多少でも後悔するということだから、政治的に無知な人たちは後から大変なことになる。そこらへんの責任は僕らにもあるわけだから、アジテーターということは、これは大変ですよ。夫婦になる相手だって、自分がそれこそアジッて運命を共にするということだから、たった一人でもできないですよ。だからね、よくよくでなければね。しかし、そういうことができる人もいるんですね。僕はそういうことができない。やらないでずっときた人間でもあるんでね。人の意見をよーく聞けというのは、そういうこともあるね。現実をよーく、よーくみて、かつ、よその人を巻き込む恐れ、恐れがある世界にわれわれは日夜生きているわけでしょう。全て自分の責任で受け止めて、人を巻き込むということに対しては、慎重でなければならない。そういうふうに思うわけね」

「そのようにお考えになるようになったのには先生のそれでいいのかと悩み考えられたからですね」

「そうなんだね」

「なるほどね……」

　間をおいて、

「参ったよ。あれだけど、あの時なんか。二・一ゼネストの時は悩んだよ。とても耐えられなかったよ。今だから言えるけど、えらい前だけど」

「先生は、その時は学生だったんですか」

「いやいや、（北海道大学を卒業して）東京にいたの」

「そうですか」

「東大の医局にいて、どこかにまわされて、それから、逓信病院に行った」

「その時代は、医者も組合員に入っていて、一緒に運動していたのですか」

「そうそう」

「先生は感性がするどいですから、燃えることは燃えたんですね」

「そうそうそうそう」

「そういう時があったんですね」

「そうそう」

「現場でね。だからといって、まっ先に現場にいて演説をするなんていうことはしなかったけどね。自分の組合の中でやるということ、それはね。何でもやりますけどね」

十七、仕事への集中

河邨教授「昔はこのように話していると自然に疲れがとれたものだけど、このごろは、なかなか抜けきらなくて」
奥さん「本人は頑張れると思うんですよ。だけども、時間が経ってくると疲れが出てくるんですね」

「先生に送られてくる書物やファックスなどみていると、常人の量ではないので、あまりにも多すぎて、こんなに、疲れないで元気でお話できるのが不思議なくらいですね」

「単純な校正ならいいんだけど、作品が気に入らないと、直すでしょう。やりだすと四～五ページでも相当くたびれる。驚くねえ」

奥さん「それが本人にとってショックでね。疲れるのがショックでね」

「この三週間くらい前から、そうなってきてね」

「そうですか。いま酸素はどれくらいですか」（胃ガンの手術後、肺気腫をわずらい酸素の吸入をしている）

奥さん「毎分一リットルです」

「それも時々座っている時には忘れていて、動く時は、酸素がないと苦しいけどね」

「以前にお会いした時からみると頬も」

奥さん「ふっくらとしてきたでしょう」

「ええー」

奥さん「みなさんにそうやって言われるんですよ」

「確かにいいんだけどね、絶対に良くなっていると思うんだけど、ただね疲労がね。考えてみたら仕事が多いのと、だいたい夜十一時までかかるでしょう」

奥さん「寝るのが遅いんですね。十一時ぐらいまで仕事して、それからお風呂に入って、寝るのは毎日十二時」

「起床は、何時ですか」

奥さん「七時、遅くても七時半には起きるでしょう」

教授「頑張っているもんね」

奥さん「でも、あまり昼寝もしないでやりますでしょう。みなさん、このくらいの年になったらね、三十分も一時間も書き物をしたら、疲れて休むというでしょう。うちは、やっている時はカーーーとやっているから、黙っていたら二時間でも三時間でもやってるんですよ。フッと休んだら、ドーンと疲れがでてきたりするんですね。休みなさいといっても休まないですからね」

「今度は少し調子よくして、断続しないようにしなければいけないね」

奥さん「私、河邨の秘書宣言をしたのです」

「秘書宣言とは?」

奥さん「実は、あんまりいろんなことを持ち込まれるものですから。忙しくて、ほんとに忙しくて、仕事が次から次へとくるものですから」

「でも、やはり何もなくぼんやりとしているよりも、次から次へと仕事がきて、生きがいをもって生きていくのが一番ですね」

奥さん「今は、主婦と理学療法士とナースと秘書をやっています。一人四役ですね」

「そういう人がいることが大事なんですね。教授の人生には」

奥さん「それだけにうるさくなります」

「先生にはいい仕事を続けてもらわなければなりませんから。たくさんいいものを残しておいてもらわなければなりませんからね」

十八、韓国での詩集の翻訳

「話は変わるけど、今まで韓国で何人かで詩集を出したことはあるけど、たった一人の詩人の詩集を出すのはおそらく初めてのことでないかと思うんだけど。翻訳もので、日本語を韓国語に対訳するかたちで出たもので、昨日か一昨日か届いたんだけど、なかなかいいですよ。この次のは、いつ届くのかなあ」

奥さん「二冊だけ届いたんです。二十六〜二十七日頃に、残りのものが届くそうです。船便だから、えっ、そんなに速く届くの。韓国だから、でもそんなに速く」

「韓国で翻訳してくれた人がかなり大物で、非常に張り切ってやってくれていてね。さっき電話がきてね」

「そうですか。中国に行ったり、韓国から声がかけられたり、すごいですね」

「今ニューヨーク詩集を作っているんでね。それが来年一月かね、できあがるのは。今、校正刷りがきてね。それ以外にも別な校正刷りがきてね」

「それはまた大変ですね。先生は、いつでも青春でいられるからいいですね。僕らは仕事を探すのに必死ですけど、一段落すると次は何かなあと考えてしまいますけど、先生には仕事が向こうから寄ってきますからね」

「今度のニューヨークの詩集もずいぶんニューヨークに滞在して、それをまとめて、最近の詩も加えて、一緒になったものだけど」

「そうですか。韓国では日本語の文学でも歌でも、日本語のものは好まれていないと聞いていますが」

「そうらしいね」

「制限されているらしいですね。その中で先生の詩が翻訳されて出るわけですから、すごいことですね」

奥さん「さっき、ファックスが入って、韓国の新聞に大きく載せるので、売れると思いますといっていました。新聞に載ったら、またファックスで送ると書いてありました」

「そうだね」

奥さん「そして、日本円にして九十円で、印税がどうなの、こうなのと書いてありました」

「先生の詩は中国語にも翻訳されていますね。中国は物価が安いから、相当売れても印税はあまり入らないのではないですか」

「僕らの詩集は売れたってしれているから、印税なんかもともとあてにならないでしょう。渡辺君だったらね。東南アジア諸国だけど、契約は決めているんだけど、送ってきたことはないって。契約違反なんだけど、いいかげんなんですよ」

「しかし、それも困ったものですね」

「日本の場合は、あちらでも売れていることは承知で、東洋的美徳で満足しているものが多いからね」

韓国語に翻訳された詩集を見せてくれる。

「これがね、その詩集だよ」

「すごいですね」

奥さん「これらの字は、記号みたいですね」

「そう見えますが、文字なんですね」

「中国では、数年前までは、詩の本はすごく売れる分野でね。この頃は、売れないらしいね。日本の出版会は今ひどいんだよね。活字離れで。こういうまともな本は、かえってマスコミも注目するんだね。一般的に、きわものとか、ちょっと人気をとったものなどが出版に向いているんだね。ちゃんとした本は、大変ですよね。活字離れがすごいから」

「最近は、ほんとに活字離れがすごいらしいですね。看護婦でも本を読まなくなったと言う人がけっこういますね。僕らも学生時代には、夏休みになると、夜を徹して、本をよく読みましたけどね。じっくりと読めるので、それが楽しみで」

十九、書籍「北海道肢体不自由児療育史」

河邨教授の奥さんは、日本肢体不自由児協会から一九八一年に「北海道肢体不自由児療育師史」という本を出版していた。私がその本を見て「これもよく書かれましたね」と聞いたところ、奥さんが

「資料を河邨に借りまして。必死になって」

「これねえ、よく書いたよねー」

「仕事しながらですからね。大変だったでしょう」

「これは僕が前から書こうかなと思って、資料をとっておいたのが、とっても忙しくて、書いている暇がなくて、書きたいという話があったので、資料を提供したんですよ」

「当時の担当の先生も本にするといいですよって。卒業論文に書いたものですから」

「卒業論文でこれだけ長いものを書いたのですか」

奥さん「少し付け加えましたけど。それでもけっこう、加えました。本にする時には、さらに資料を貸してもらって」

「大変でしたでしょう」

奥さん「ええ、療育センターの院長室に行っても、事務局に行っても全然資料がなくて、以前の整肢学院から療育センターに移る時に、随分と資料を捨てたみたいですね。資料集めが大変でした」

「そうですか」

「この本があるとたいした便利なのね」と教授。続けて、「資料は、僕が北海道に来てからのが全部だからね。新聞の切り抜きなどもかなりあったね」

「よくとってましたね」

「今でもあるけどね。いっぱい切ってとってあるけどね」

「先生がみんなとっていたのですか」

「記録は、いろいろあるけど、多くは僕がとっていたものではないかね」

「おかげさんで、何とか仕上げることができました。このほかに、河邨の資料は二階にいっぱいあるんですよ。子どもの頃のものから、医者になる前に書いた小説なども、あるんですよ」

「すばらしいですね。資料はきちんととってあるし、新しい詩も次から次へと浮かんで、それ以外のこともいろいろと手がけて」

奥さん「先生も、札幌発リハビリテーション物語といういい本を書いてますでしょう。復活の朝という文庫本にもなって、この間も本屋さんに並んでいましたよ。これからもいいものかけるんじゃないですか」

「いえいえ、それは無理です。プロにはプロなりの書き方がありますが、僕にはとっても無理です。僕のは、「さっか」「く」(作家、く、錯覚) というものですから」

　みんなで大笑い。

「そんなに謙遜したものでもないよ」

「どうもありがとうございます」

近況報告　札樽病院に勤務してから

私は北海道勤医協を定年退職後、銭函にある札樽病院に、二〇〇八年五月にリハビリ科の医師として赴任しました。六十四歳の時でした。もう、学問的な仕事には一区切りつけていたと思っていたのですが、やはりいろいろと気がついてきます。

赴任後も年二回の小樽医師会の研究発表会には毎回演題を出し、また北海道や日本リハビリテーション医学会にも毎年数題発表してきました。

七十歳の時に、第五十回日本リハビリテーション医学会では、「障がい受容（克服）（脳卒中患者のこころのうち）」というタイトルで講演させていただきました。

最近は、多少、漢方に興味を持っています。痛みと漢方誌に論文「脳卒中患者の肩手症候群と肩関節痛に対する治打撲一方による治療効果」を掲載させていただきました。

この論文が書けたのは、二十五年前にリハ医学会誌に「片麻痺患者の肩手症候群による手指に痛みについて」の論文と関連があったことによるものです。過去の仕事が現在に引き続いて生きていることを実感しました。なお、治打撲一方は、整形外科の術後や外傷後の腫脹、疼痛に効果があり、漢方に興味ある先生方の間ではよく使われています。

私は北海道リハビリテーション学会（故河邨文一郎先生が創始者でリハビリ関係者全職種参加の地方会です）では学術委員会の責任者としての仕事をしています。

現在、医療界ではさまざまな分野で地域包括ケアシステムをどう作っていくかが、重要な課題となっています。この学術委員会に北海道理学療法士会、作業療法士会、言語聴覚士会、看護協会と義肢装具学会それぞれの会長に委員となっていただきました。そして、今後この分野の発展を積極的に進めていきたいと思っています。

医歯薬出版の月刊誌「臨床栄養」に「現代医療とギリシャ神話」を二年間連載させていただきました。ギリシャ神話には、私たちが普段使用している「身体各部の名称」（アキレス腱、アトラス、ハイメンなど）、「心理学用語」（サイコロジー、ナルシシスト、エディプスコンプレックスなど）、「病名や症状」（シヒリス、リュッサ、メズサの冠など）、（「薬剤名」（モルヒネ、アトロピン、アフロジシアカ、ハルシオンなど）などに関する話がたくさんあります。美しく妖艶でエッチな?中近世絵画にはギリシャ神話を題材としたものが豊富です。

なお、「臨床栄養」には、紙数の関係で十分に書き切れなかったので、北海道医療新聞社の「週刊・北海道医療新聞」年二回の特別号に加筆修正したものを連載してきました。

そしてこの度、中西出版から同名のタイトル「現代医療とギリシャ神話」として出版することになりました。

このようなことが現在できるのも、私にリハビリの道を示し、また指導してくださった笠井康弘先生（医療法人社団さっぽろ幌西クリニック理事長）をはじめとする諸先輩やさまざまな点で協力を惜しまないで力を与えてくれた同僚、後輩やリハビリチームの協力のおかげと今も思っています。

筆者紹介

略　歴

一九六二年　三月　岩内高等学校卒業
一九六八年　三月　札幌医科大学卒業
一九六八年　四月　札幌医科大学整形外科入局
一九七一年　四月　勤医協札幌病院就職
一九七六年　四月　東大病院リハビリテーション部にて研修
一九七七年　九月　勤医協中央病院勤務
一九八二年　六月　勤医協札幌丘珠病院勤務
一九九四年十一月　札幌丘珠病院院長
二〇〇四年　四月　札幌丘珠病院名誉院長
二〇〇八年　五月　ひまわり会札樽病院リハビリテーションセンター長

公職、学会役員等

日本リハビリテーション医学会評議員（一九八三年～二〇一六年）
北海道リハビリテーション学会理事（一九八二年～現在）
札幌医科大学医学部臨床教授（二〇〇〇年～二〇〇七年）
札幌医科大学医学部非常勤講師（一九九八年～二〇〇七年）
札幌医科大学保健医療学部非常勤講師（一九九四年～二〇〇六年）